Pensando com a Sociologia

FGV de Bolso
Série Sociedade & Cultura

Pensando com a Sociologia

João Marcelo Ehlert Maia
Luiz Fernando Almeida Pereira

ISBN: 978-85-225-0740-5

Copyright © 2009 João Marcelo Ehlert Maia; Luiz Fernando Almeida Pereira

Direitos desta edição reservados à
EDITORA FGV
Rua Jornalista Orlando Dantas, 37
22231-010 Rio de Janeiro – RJ – Brasil
Tels.: 08000-21-7777 – 21-2559-4427
Fax: 21-2559-4430
e-mail: editora@fgv.br
web site: www.fgv.br/editora

Impresso no Brasil / *Printed in Brazil*

Todos os direitos reservados. A reprodução não autorizada desta publicação, no todo ou em parte, constitui violação do copyright (Lei nº 9610/98)

Os conceitos emitidos neste livro são de inteira responsabilidade dos autores.

Este livro foi editado segundo as normas do Acordo Ortográfico da Língua Portuguesa, aprovado pelo Decreto Legislativo nº 54, de 18 de abril de 1995, e promulgado pelo Decreto nº 6.583, de 29 de setembro de 2008.

1ª edição — 2009; 1ª rempressão — 2013; 2ª rempressão — 2017; 3ª rempressão — 2021.

Coordenadores da Coleção "FGV de Bolso": Marieta de Moraes Ferreira e Renato Franco
Preparação de originais: Fátima Caroni
Revisão: Marco Antônio Corrêa e Tathyana Viana
Editoração eletrônica: FA Editoração Eletrônica
Projeto Gráfico: Dudesign
Capa: Dudesign

Ficha catalográfica elaborada pela
Biblioteca Mario Henrique Simonsen/FGV

Maia, João Marcelo Ehlert
Pensando com a Sociologia / João Marcelo Ehlert Maia, Luiz Fernando Almeida Pereira. – Rio de Janeiro : Editora FGV, 2009.
132 p. – (Coleção FGV de bolso. Série Sociedade & Cultura)

Inclui bibliografia.
ISBN: 978-85-225-0740-5

1. Sociologia. 2. Cidadania. 3. Cultura. I. Pereira, Luiz Fernando Almeida. II. Fundação Getulio Vargas. III. Título. IV. Série.

CDD – 301

Sumário

Capítulo 1
A sociologia, suas origens e seus espaços   7

  Objetivo   7
  Introdução   7
  Sociologia e Iluminismo: antecedentes intelectuais   8
  Sociologia e modernidade: o mundo da teoria clássica   10
  A imaginação sociológica no Brasil   22

Capítulo 2
Cidadania e direitos   37

  Objetivo   37
  Cidadania, modernidade e Estado-nação   37
  A trajetória da cidadania: questões teóricas   41
  Críticas ao conceito clássico de cidadania   43
  Cidadania no Brasil republicano: um percurso acidentado   47
  Cidadania no Brasil contemporâneo: questões e temas   55

Capítulo 3
Cultura e sociedade   67

  Objetivo   67
  Definindo a cultura: as origens   68
  A sociologia clássica e a cultura   71
  Outras abordagens sociológicas da cultura   73
  Cultura: discussões recentes   76
  Alguns temas clássicos e contemporâneos na sociologia da cultura   79
  Cultura brasileira: democracia, multiculturalismo, identidade e patrimônio   91

Capítulo 4
Pesquisando em sociologia 97
   Objetivo 97
   Questões básicas de pesquisa em sociologia 97
   As ferramentas do olhar sociológico: métodos e técnicas 106
   Pesquisando o Brasil 116

Bibliografia selecionada e comentada 123

Capítulo 1

A sociologia, suas origens e seus espaços

Objetivo

Neste capítulo discutiremos os diferentes contextos históricos e geográficos em que a sociologia pode ser (e foi) praticada, com destaque para o cenário europeu e o caso brasileiro. Assim, examinaremos as origens sociais e intelectuais dessa disciplina, sua relação com a modernidade, uma breve história do pensamento sociológico no Brasil e o papel dessa forma de conhecimento na sociedade brasileira contemporânea. Buscaremos tratar a sociologia não apenas como uma disciplina acadêmica, mas também como uma forma de imaginação social que é utilizada pelos mais diversos atores.

Introdução

Em seu conhecido livro sobre as formas de se fazer sociologia, o americano Wright Mills utilizou a expressão "imaginação sociológica". Segundo ele, essa imaginação poderia ser aprendida e exercitada por qualquer pessoa educada que se mostrasse curiosa a respeito das relações entre biografia e história. Ou seja, a sociologia não seria simplesmente uma disciplina acadêmica ou uma ciência ultrassofisticada, mas uma forma de argumento público capaz de revelar as conexões entre as transformações na vida cotidiana e os processos mais amplos de mudança histórica. Se levarmos a sugestão de Mills a sério, veremos que contar a história da sociologia é mais do que simplesmente inventariar autores, escolas de pensamento e instituições. Temos que estar atentos às distintas formas pelas quais esse tipo de imaginação se consolidou na Europa e encontrou acolhida no Brasil. Essa abordagem nos permite destacar a especificidade do vocabulário utilizado pela sociologia, os distintos modelos de imaginação sociológica existentes no Velho Continente e as singularidades do pensamento social no Brasil. Isso nos permitirá compreender como a sociologia se imiscuiu nos mais diferentes debates atualmente travados em nosso país sobre temas e questões que nos afligem.

Sociologia e Iluminismo: antecedentes intelectuais

É difícil identificar a data de nascimento da sociologia, ainda mais se a tomarmos como uma forma de argumentação. Entretanto, é consenso entre os historiadores que o Iluminismo representou a grande mudança intelectual que abriu as portas para uma reflexão sobre o mundo social. Até então, a vida cotidiana dos homens parecia regida por uma segurança ontológica, como se todas as dimensões dessa vida, tais como trabalho, família e lazer, estivessem organicamente integradas e fossem explicadas por costumes, tradições e hábitos inquestionáveis. Não existia propriamente um pensamento autônomo sobre o que chamamos hoje de social, pois a religião produzia uma visão global do mundo e de seus processos. De certa maneira, não se concebia que as relações entre os homens pudessem ser destacadas como objeto de conhecimento científico.

O que conhecemos hoje por Iluminismo produziu uma significativa alteração dessa maneira de pensar. Como afirma o pensador alemão Ernst Cassirer, a reflexão iluminista discernia claramente entre um sujeito pensante e um mundo (o "objeto") regido por mecanismos e processos objetivos que deveriam ser conhecidos e traduzidos em hipóteses e leis. Embora seja impossível falar apenas de "um" Iluminismo, já que existiriam distintas tradições intelectuais associadas ao termo, Cassirer acredita que pode discernir certa atitude mental comum. E é essa atitude que nos interessa para contarmos nossa história da sociologia.

Tome-se como exemplo a obra de Charles-Louis de Secondat (1689-1755), o barão de Montesquieu. Ao escrever sua mais famosa obra, intitulada *O espírito das leis*, Montesquieu mostrou ser possível identificar não apenas as leis que ordenam a política e o Estado, como também os costumes e hábitos sociais que condicionam a existência e o sucesso dessas leis. Ao identificar relações causais necessárias que explicariam, ao menos parcialmente, a diversidade de regimes políticos existentes, o pensador francês abria a possibilidade de identificar o social como uma esfera específica da vida humana, regida por processos e causas que não dependeriam totalmente do livre-arbítrio dos homens.

Como se vê, o espírito científico animado pelo que se convencionou chamar de Iluminismo esteve na raiz da produção de uma visão mais secularizada e reflexiva sobre as formas de vida dos homens. À medida que ficava evidente a historicidade e contingência dessas formas, tornava-se necessário construir argumentos específicos que dessem conta desse novo objeto. E foi exatamente essa autonomia do objeto que permitiu à sociologia consolidar-se como ramo especializado do saber, distinto da biologia e da psicologia. Assim, pode-se dizer que a sociologia foi impulsionada pela descoberta de um novo espaço da existência humana — a sociedade.

Sociologia e modernidade: o mundo da teoria clássica

Mas que sociedade era essa que inquietava os primeiros sociólogos? Em primeiro lugar, pode-se dizer que era uma sociedade industrial, marcada por novas formas de produção material e pela intensa divisão do trabalho social entre os homens. É sobre esse assunto, por exemplo, que Auguste Comte (1798-1857) se debruçou. Comte é tido como um dos pensadores que consolidou a palavra "sociologia" no vocabulário intelectual de seu tempo, mas sua notoriedade ao longo do século XIX foi conseguida graças a uma gigantesca obra na qual apresenta sua perspectiva positivista. Segundo ele, a humanidade passaria por três estágios de conhecimento: o teológico, em que os homens atribuiriam aos deuses as causas dos fenômenos objetivos; o metafísico, no qual os homens recorreriam a conceitos abstratos para entender o mundo; e o estágio positivo, caracterizado pela organização racional do trabalho, em que os homens aplicariam métodos científicos para compreender as causas dos fenômenos.

Sendo o principal intérprete do estágio positivo, Comte acreditava que a sociologia — ou física social — estaria relacionada a uma hierarquia de ciências, partilhando com outros ramos do conhecimento humano o mesmo espírito positivo que marcaria a modernidade industrial, mas diferenciando-se pela singularidade de seu objeto de estudo, que não poderia ser explicado por aspectos biológicos, psicológicos etc. Assim, ao olharmos para a sociedade, deveríamos buscar as leis sociais que determinariam o curso de evolução da humanidade. Essa perspectiva implicava deslocar o sujeito do centro da análise, já que os fenômenos do mundo só seriam compreendidos se não os encarássemos como resultados aleatórios da ação humana.

Como se percebe, o filósofo francês defendia a autonomia relativa do objeto sociológico, criando as bases para a definição de um universo específico para a atuação do cientista social. Pode-se dizer, portanto, que Comte legou à imaginação sociológica uma visão grandiosa dos poderes da disciplina, destacando a possibilidade de se usar o conhecimento das leis da sociedade para organizá-la de forma técnica, na direção do progresso pacífico dos homens. Vê-se que, na versão comtiana, a sociologia funciona como uma ciência de conhecimento e organização da sociedade industrial europeia. Traçava-se aí um dos espaços clássicos de investigação da sociologia. Não é difícil verificar os ecos dessa perspectiva no mundo contemporâneo, onde técnicos governamentais, burocratas e funcionários graduados de grandes empresas valem-se de conhecimentos especializados sobre a vida social como forma de mais bem organizar pessoas, relações e objetos.

A sociologia e a divisão do trabalho no mundo industrial

O industrialismo moderno também foi investigado por Émile Durkheim (1858-1917), pensador francês que se inspirou no positivismo de Comte. Na sua famosa obra intitulada *Da divisão do trabalho social*, Durkheim argumentou que a divisão do trabalho, fenômeno característico da modernidade, teria uma função moral: integrar funções diferentes e complementares. Assim, em vez de culpar a especialização funcional pela anulação da personalidade dos homens e pela perda dos laços comunitários, Durkheim viu a possibilidade de a modernidade industrial produzir uma nova forma de solidariedade social entre eles — a solidariedade orgânica. Segundo ele, esse tipo de solidariedade diferia de forma significativa da solidariedade típica de sociedades mais simples, nas quais os homens partilhariam crenças e valores comuns e haveria pouco espaço para diferenciação. Na linguagem utilizada pelo sociólogo francês, essa forma mais rudimentar de integração seria classificada como solidariedade mecânica.

Quando as funções (comerciais, industriais, educacionais etc.) não estivessem integradas de forma interdependente, Durkheim acreditava tratar-se de uma situação anômica. A anomia se caracterizava pela ausência de regras morais eficazes, capazes de ordenar as relações funcionais na sociedade industrial moderna, o que impedia que os interesses de grupos e indivíduos fossem disciplinados. Durkheim não acreditava que a divisão do trabalho produzisse esse malefício por sua própria natureza; portanto, não se deveria combatê-la como um mal em si. Tratava-se de reorganizar novos espaços de associação e sociabilidade entre os homens, como forma de suprir essa necessidade de comunicação e interdependência. Ele acreditava que as corporações profissionais poderiam suprir essa função no século XX, agregando interesses e produzindo sentimentos de pertencimento entre os indivíduos.

Como se vê, Durkheim acreditava que a sociedade era mais do que uma simples coleção de indivíduos movidos por interesses particulares: constituía-se num corpo moral com regras e uma consciência coletiva. Mesmo numa sociedade mais diferenciada e com forte presença do individualismo seria possível identificar a presença de regras — explícitas ou costumeiras — que obrigavam os homens a terem certos modos de agir e certas relações com outros. Na sociologia durkheimiana, a própria valorização do individualismo seria explicada como resultado de um consenso moral que seria extraindividual. Essa orientação para uma visão dos processos coletivos e estruturais que determinariam as ações e as relações entre os homens fez com que muitos intérpretes classificassem Durkheim como o fundador do "coletivismo metodológico".

O sociólogo francês também acreditava que a sociologia deveria adotar procedimentos científicos próprios ao mundo da ciência, investigando os fatos sociais de forma objetiva, afastando-se de pré-noções e preconceitos que impediriam uma apreciação positiva do mundo. Essas recomendações estavam presentes no livro *As regras do método sociológico*, lançado em 1895. Nele Durkheim lista uma série de procedimentos que o investigador da sociedade deveria seguir para tratar de forma adequada os fatos sociais, que seriam maneiras coletivas de agir, pensar e sentir. Uma das regras mais famosas e polêmicas dizia que o sociólogo deveria tratar esses fatos como coisas, ou seja, os sentimentos e opiniões de ordem coletiva não seriam produtos de mentes individuais ou de especulações solitárias, mas objetos criados pela força da coletividade, cristalizados em instituições sociais (como a escola) e impostos aos homens de forma coercitiva e obrigatória. Por exemplo, tratar o patriotismo como um fato social implica estudá-lo como um sentimento social que se manifesta de forma objetiva em certas práticas e regras e é ensinado aos indivíduos por meio de processos de socialização nas famílias e escolas.

Além disso, Durkheim sustentava que seria necessário entender os fatos sociais a partir das funções que exerceriam no sistema social. Esse tipo de explicação sociológica ficou conhecido como *funcionalismo*, pois implica conceber a sociedade como um sistema integrado por unidades e cujo funcionamento está associado ao atendimento de certas necessidades sistêmicas. Por exemplo, ao estudar a religião, o sociólogo deveria atentar para quais necessidades de integração social esse fenômeno contribuía.

A sociologia, o capitalismo e a análise dialética

Mas que outras características da modernidade chamaram a atenção dos precursores da imaginação sociológica? E que outros tipos de explicação foram produzidos para compreender o mundo europeu em transformação? O capitalismo foi certamente uma das dimensões cruciais dessa experiência histórica. Para Karl Marx (1818-83), filósofo e militante político alemão, o fato fundamental que marcava o mundo europeu do século XIX era a expansão das relações de produção capitalista, baseadas na separação entre trabalhadores e meios de produção e na disseminação da propriedade privada. Segundo Marx, os homens, ao longo de sua história, teriam se organizado das mais diferentes maneiras para produzir materialmente suas existências, o que teria configurado diferentes relações de produção (formas assumidas pela interação dos homens na produção) e distintos níveis de desenvolvimento das suas forças produtivas (o conjunto de técnicas, saberes e objetos empregados pelos homens na produção). Assim, o capitalismo seria marcado pela concentração dos meios de produção (terras, fábricas, ferramentas etc.) nas mãos de uma classe social específica, a burguesia, enquanto o restante dos homens cada vez mais iria se transformar em proletariado, uma classe que vive da troca de sua força de trabalho por salário. Ou seja, o capitalismo seria um modo de produção histórico; afinal, nem sempre os homens trabalharam em troca de salários para um patrão que controlava os instrumentos de produção e o tempo de trabalho.

Marx acreditava que o capitalismo era intrinsecamente contraditório. Ao mesmo tempo que aumentava de forma exponencial a riqueza humana e a tecnologia, era um sistema baseado na exploração de uma vasta maioria por uma classe restrita: a burguesia. Além disso, o trabalho humano transformava-se numa mercadoria, algo que era vendido "livremente" pelos homens, mas que não era por eles controlado de forma autônoma. Assim, a divisão do trabalho no capitalismo fazia com que os trabalhadores não tivessem nenhum poder sobre o que produziam, como produziam e para quem produziam. Simplesmente vendiam seu esforço para outros. A isso Marx chamava alienação, uma condição humana que só poderia ser superada por uma revolução comunista que superasse a propriedade privada e permitisse aos homens realizarem plenamente sua capacidade criativa e produtiva.

Como se percebe, Marx dava muita importância ao estudo da existência concreta dos homens em sociedade. Como eles produziam e se relacionavam na esfera econômica eram fatores fundamentais para entender de que modo pensavam e se organizavam jurídica e politicamente. Isso se chama materialismo histórico. Ao mesmo tempo, Marx acreditava que os fenômenos sociais estavam sempre em transformação e que traziam dentro de si mesmos os indícios de sua superação. Por exemplo, o crescimento do capitalismo aumentava a riqueza e a produtividade do trabalho humano, mas ao mesmo tempo transformava os homens em proletários e os unia em fábricas. Essa contradição entre forças produtivas (riqueza e tecnologia) e relações de produção (a desigualdade entre as classes) fazia com que o capitalismo gerasse dentro do próprio sistema as condições para sua superação por uma ordem mais livre e racional. Por isso Marx sustentava que o comunismo não era uma utopia, mas um movimento real da história. Essa forma de raciocinar chama-se *dialética*.

Sociologia, capitalismo e racionalização

Mas Marx não foi o único sociólogo a explorar os significados do capitalismo no moderno mundo europeu. O também alemão Max Weber (1864-1920) dedicou a esse tema uma de suas mais importantes obras. Em *A ética protestante e o espírito do capitalismo*, Weber argumentava que a dimensão cultural era fundamental para entender o desenvolvimento do capitalismo ocidental europeu. Segundo ele, o sociólogo deveria atentar para o que singularizava e diferenciava esse capitalismo de outras formas de acumulação de capital anteriores, e esse fator era o espírito racional que movia os primeiros capitalistas europeus. A racionalização econômica significava que esses homens trabalhavam de forma eficiente e sistemática, como se a aquisição de capital fosse um dever moral a ser exercitado de maneira regular e metódica. Isso era bem diferente do espírito aventureiro ou tradicional que movia os homens até então e os fazia ver a acumulação de capital apenas como um meio para satisfazer certas necessidades habituais. Mas de onde vinha esse novo espírito?

Segundo Weber, uma das origens desse modo de proceder pode ser encontrada na religião puritana. Para os fiéis dessa religião, a salvação dos pecadores é uma eterna dúvida na cabeça dos homens, que não conseguem saber ao certo seu destino final. A única forma de ter alguma certeza da graça recebida seria seguir de forma apaixonada a vocação que Deus teria dado a cada um e exercitar essa vocação na vida cotidiana. Essa mensagem religiosa transformava o trabalho dos homens numa ferramenta pela qual o fiel deveria provar sua condição de instrumento de Deus no mundo, produzindo uma massa de homens disciplinados, metódicos e voltados para a acumulação sistemática. Ao contrário dos católicos, que viam com desconfiança a riqueza mundana, os puritanos acreditavam que os frutos da vocação eram sagrados e deveriam ser cuidados de forma racional pelos homens. Essa moral religiosa, quando internalizada por um conjunto grande de indivíduos, teria produzido uma massa de homens orientados para a acumulação regular de capital e para a poupança disciplinada dos lucros, uma condição espiritual básica que tinha grande semelhança com o espírito do capitalismo moderno. Weber acreditava que havia uma grande afinidade eletiva entre o espírito do capitalismo e a ética protestante.

Mas, segundo o autor, o capitalismo do século XX já não era marcado por essa combinação de racionalidade econômica com ação religiosamente orientada. Em vez disso, víamos o predomínio de um tipo de ação puramente econômica e instrumental, empreendida por homens que apenas se adaptavam ao mercado e aos imperativos capitalistas, sem dar grande significado ético ao que faziam. Weber temia que o predomínio dessa lógica burocrática da ação produziria um mundo totalmente desencantado, sem lugar para homens criativos e potentes, capazes de produzir grandes visões éticas do mundo. Ele usava a imagem literária de uma "crosta de aço" para caracterizar essa possível situação que seria típica da modernidade capitalista europeia. Nesse mundo, os valores humanos seriam autonomizados e perderiam sua conexão integral, fazendo com que economia, direito e política fossem apenas esferas de ação profissionais, sem grandes significados.

Como se percebe, Weber dava grande importância ao estudo das ideias e das formas pelas quais elas se associavam a interesses materiais. Ao contrário de Marx, que acreditava na primazia da existência material sobre a consciência e conduzia suas explicações sociológicas de maneira estritamente materialista, Weber sustentava que o universo social era por demais complexo e plural para ser reduzido a essa narrativa. Em muitos casos, seria fundamental entender o papel das ideias na vida material, embora isso não devesse ser tomado como regra absoluta, pois Weber não acreditava na monocausalidade. Foi essa mesma desconfiança diante de macroexplicações definitivas que fez o sociólogo alemão desenvolver uma metodologia específica para a sociologia, que deveria respeitar a dimensão singular do mundo da cultura. Assim, a melhor forma de investigar o mundo seria por meio dos tipos ideais, isto é, conceitos abstratos construídos a partir de recortes feitos pelo sociólogo. Ou seja, quando Weber escreve sobre a "ética protestante", ele não está descrevendo o protestantismo em geral, em todas as suas dimensões, mas apenas caracterizando o que lhe parece ser o mais típico e relevante daquele fenômeno histórico. Não existe uma ética protestante no mundo real que seja uma cópia exata do conceito usado pelo autor, já que esse conceito apenas cria uma aproximação com o mundo. Esta seria a melhor forma de entender o *sentido* que as ações e práticas humanas tinham para os agentes envolvidos, já que Weber acreditava que a sociologia deveria explicar o significado subjetivo das ações humanas, e não apenas postular leis e regras supostamente universais e objetivas — tal como faziam os positivistas.

Diagnósticos comparados: o legado clássico

Como se percebe, Marx e Weber faziam previsões sombrias sobre a modernidade europeia, embora trilhassem caminhos sociológicos diferentes, por vezes. Ambos viam o capitalismo como uma ordem social que transformava todas as práticas anteriores dos homens e produzia trabalhadores sob controle de imperativos de mercado. Em lugar do mundo comunitário e integrado que marcava os tipos tradicionais de existência social, o capitalismo implicava a erosão de antigos valores e a reprodução ampliada de capital. Entretanto, divergiam não apenas com relação aos métodos que empregavam, mas também quanto aos significados dessas profundas mudanças históricas. Marx acreditava que a história tinha um sentido e que a ação revolucionária do proletariado poderia realizar o potencial humano emperrado pelas contradições do capitalismo. O comunismo significaria um novo momento da humanidade, em que a alienação e as desigualdades geradas pelo capitalismo poderiam ser superadas. Weber, por sua vez, era mais cético quanto a essas afirmações e sustentava que a sociologia deveria separar claramente os juízos de fato dos juízos de valor. Ou seja, o sociólogo deveria se contentar em explicar e clarificar as relações humanas no mundo, mas não teria como fornecer bases científicas para a escolha de uma forma de vida política. Nesse sentido, a dimensão sombria do processo de racionalização analisada na sociologia weberiana não seria redimida com um processo revolucionário final, que atenderia a uma suposta necessidade histórica.

Já Durkheim via a modernidade caracterizada principalmente pelo industrialismo e pela nova forma de integração social por ele gerada. A anomia era tida pelo autor como um fenômeno que não era historicamente necessário e que poderia ser regulado pela ação coletiva dos homens. Interessante notar que o tema da divisão do trabalho também foi tratado por Marx, que tinha uma visão bem mais crítica desse processo. Enquanto Durkheim sustentava que a especialização funcional produzia uma interdependência social e incrementava o individualismo moderno, Marx via nela um momento histórico do processo de alienação dos homens no trabalho, condição que só poderia ser superada no contexto de outro modo de produção.

Percebe-se assim que os três pais fundadores da sociologia nos legaram um repertório de conceitos, teorias e narrativas sobre a sociedade moderna e seus dilemas. Industrialismo, capitalismo, racionalização, divisão do trabalho e revolução são alguns dos conceitos que delimitam essa sociedade e lhe conferem substância.

Outros clássicos?

A definição do que seja a sociologia clássica varia historicamente. Em meados do século XX, muitos não consideravam Marx um sociólogo "fundador", por exemplo. Assim, é de se esperar que haja uma constante releitura de autores e a inclusão de novos nomes nesse panteão, processo que pode ser ativado pelos mais variados fatores, tais como mudanças políticas, transformações no cenário intelectual, emergência de novas questões e problemas etc. Foi assim que a obra de Georg Simmel (1858-1918) retornou à sociologia nas últimas décadas, consolidando-se como uma referência cada vez mais inescapável para os estudiosos da área.

Simmel foi um sociólogo alemão com uma conturbada trajetória. Devido a sua ascendência judaica, enfrentou sérias dificuldades no cenário universitário alemão e viu suas chances de obter uma boa colocação serem sistematicamente obstadas pelo antissemitismo velado ou explícito. Além disso, seu estilo intelectual valorizava trabalhos de corte ensaístico, sem o uso da terminologia científica positiva que supostamente daria respeitabilidade pública ao intelectual. Diante da fragmentação social e da perda de vigor das grandes macro-explicações, fenômenos típicos das últimas décadas do século XX, as fragmentadas e incisivas análises de Simmel vêm sendo recuperadas e atualizadas.

Pode-se dizer que a obra simmeliana oferece interessante alternativa à dicotomia entre indivíduo e sociedade. Ao eleger como foco a interação, Simmel destaca que o social seria antes o resultado de formas emergentes que agrupariam os indivíduos nos mais variados arranjos. Assim, sua teoria sempre procurou ressaltar que a sociedade seria formada pelo conjunto plural e contingente dessas formas, que poderiam ser mais ou menos estáveis e abrigar os mais diversos conteúdos de vida. Por exemplo, os homens podem ser motivados pelos mais variados interesses econômicos (os conteúdos de suas vivências, como ambição, prestígio, acumulação de dinheiro etc.), mas a forma pela qual esses conteúdos se socializam pode variar: os homens podem cooperar ou competir uns com os outros. Cooperação e competição são duas formas sociais distintas, com lógicas de interação próprias, mas podem abrigar diversos conteúdos.

Simmel também produziu um relevante diagnóstico sobre a modernidade. Num sofisticado estudo sobre o dinheiro, argumentou que a mercadoria e outras formas sociais teriam se autonomizado diante dos indivíduos, exercendo efeito similar ao que Marx classificou pelo conceito de "alienação". Ao analisar o homem na metrópole, mostrou que os estímulos da vida moderna produziam um indivíduo calculista, racional e impessoal, sempre propenso a tratar os fenômenos à sua volta como objetos que poderiam ser medidos ou equalizados pelo dinheiro. Isto é, Simmel argumentava que na modernidade os atributos formais dos processos humanos se sobreporiam aos conteúdos particulares e específicos das vivências. O dinheiro seria a grande expressão dessa tendência, acentuada pela divisão do trabalho e pela especialização de funções, que fariam os homens perderem a capacidade de processar adequadamente a multiplicidade de bens e informações que compõe seu mundo.

Um bom exercício é refletir sobre os fatores que nos permitem falar em sociólogos clássicos. Será que esquecemos outros personagens e textos, talvez motivados por questões políticas ou históricas? Onde estão os sociólogos não europeus no rol dos pensadores fundamentais da imaginação sociológica? Note-se também que essas obras que estudamos estão intrinsecamente ligadas ao contexto histórico-geográfico em que foram produzidas. Embora isso não invalide suas obras para outros contextos, é evidente que devemos tratar com cuidado da acolhida desse corpo de conhecimento em lugares periféricos à modernidade europeia, como é o caso do Brasil. Esse tipo de questionamento vem sendo feito com intensidade cada vez maior e nos leva diretamente à questão seguinte: que significa fazer sociologia em nosso país?

A imaginação sociológica no Brasil

Se adotarmos uma perspectiva institucionalista a respeito da história da sociologia, devemos começar nossa cronologia apenas nos anos 1930, quando os primeiros cursos universitários se consolidam em São Paulo. Mas, se seguirmos a perspectiva de Wright Mills a respeito da imaginação sociológica, perceberemos que essa história começa bem antes.

Num conhecido texto sobre a história do pensamento social brasileiro, o cientista político carioca Wanderley Guilherme dos Santos escreve que os intelectuais e líderes políticos do Império brasileiro costumavam discutir a sociedade usando argumentos mais próximos de uma teoria racional da ação política. Ou seja, para esses homens, o mundo social poderia ser explicado como resultante das escolhas e opções feitas pelos principais personagens do drama histórico. Entretanto, já é possível discernir outro tipo de argumentação emergindo ao longo da década de 1870, mais próxima do que conhecemos como sociologia.

O pensamento social brasileiro clássico

A chamada "geração de 1870" era composta por escritores, políticos e intelectuais que buscavam investigar os problemas brasileiros e propor novas ideias para o seu encaminhamento. Ao fazerem isso, muitos empregavam conceitos e raciocínios que começavam a se tornar populares no mundo europeu, graças ao desenvolvimento da imaginação sociológica. Em lugar das ações de personagens específicos, muitos autores começaram a estudar os fatores geográficos, raciais e estruturais que teriam produzido o Brasil tal como era conhecido então. O positivismo de Comte foi muito popular entre diversos setores da inteligência brasileira, especialmente entre militares e homens ligados ao conhecimento científico. Além disso, as ideias do biólogo inglês Charles Darwin tinham grande repercussão entre os membros da elite intelectual brasileira, que procuravam entender as dinâmicas evolutivas da sociedade brasileira e o lugar do país no contexto das civilizações mundiais. Entre esses autores que combinavam diversas teorias de forma não muito rigorosa poderíamos citar Sílvio Romero (1851-1914), autor de obras como *História da literatura brasileira*, na qual buscava utilizar um grande repertório de teorias geográficas, climáticas, raciais e culturais para explicar a gênese e a evolução da literatura brasileira.

Não foram poucos os críticos contemporâneos que apontaram as simplificações teóricas produzidas por esses autores, a ausência de rigor metodológico e os pressupostos racistas que informavam o manejo de teorias evolucionistas. Sílvio Romero, por exemplo, acreditava que o país evoluiria por um processo intenso de mestiçagem que iria embranquecer a população e nos levar a estágios civilizatórios mais elevados. Entretanto, essa geração foi importante para divulgar modos de argumentação sociológica que alimentariam inúmeras obras e escolas de pensamento no século XX.

Em 1902, o então engenheiro Euclides da Cunha (1866-1909) lançava um livro chamado *Os sertões*, no qual se dedicava a explicar as razões e as características da guerra de Canudos (1896/97), confronto ocorrido no sertão baiano entre o Exército republicano e um grupo de sertanejos liderados pelo beato Antônio Conselheiro. Ao traçar meticulosos perfis psicológicos dos sertanejos e seus líderes e esmiuçar o meio geográfico onde os fatos ocorreram, Cunha utilizava um repertório de conceitos e discursos sociológicos que eram produzidos no século XIX, na Europa. O choque entre um universo periférico, alheio ao mundo industrial europeu, e uma linguagem científica produzida em outro contexto social é uma das principais características dessa obra, tida como uma das mais importantes da nossa imaginação social. Assim, Euclides acreditava que o mestiço sertanejo, criado isolado nos grandes sertões do Nordeste, era a "rocha viva da nacionalidade". Ao mesmo tempo, sustentava, com auxílio das teorias evolucionistas ainda em voga na Europa, que o Brasil estava "condenado à civilização" e que deveria fatalmente incorporar esses sertanejos e retirá-los de suas condições originais. Como conciliar essas imagens? O uso de teorias racialistas, que situavam os povos mestiços em níveis baixos na hierarquia social, acaso não seria contraditório com o desejo dos intelectuais de valorizar uma suposta autenticidade nacional?

A obra de Euclides retrata duas grandes questões típicas da imaginação sociológica brasileira clássica. Uma é o desajuste entre um repertório teórico surgido da modernidade industrial europeia e uma geografia diferente, na qual a cidade e a vida urbana não eram os principais eixos estruturadores da sociedade. Outra questão diz respeito ao dualismo que marca essa imaginação, que vê o Brasil como um país dilacerado entre uma arquitetura político-institucional moderna e liberal e uma sociedade marcada pelo latifúndio e pela ausência de valores cívicos. Na linguagem de outros pensadores da época, falava-se na dicotomia entre "Brasil legal" e "Brasil real".

Oliveira Vianna (1883-1951), por exemplo, evidenciou como ninguém os dilemas do pensamento social elaborado no Brasil republicano. Ao estudar o que classificava como "as populações meridionais", isto é, os habitantes rurais do centro-sul brasileiro, Vianna argumentava que as instituições políticas liberais, preconizadas pelas teorias europeias, não exerceriam efeitos positivos quando transplantadas para o solo nacional. Assim, a grande propriedade agrária seria o agente determinante a impedir que o localismo político pudesse ser democrático no Brasil, já que terminaria produzindo verdadeiros potentados rurais, conflituosos e tirânicos. Como se vê, um exemplo da diferença entre a organização moderna da nossa vida política, com o funcionamento de partidos e

Parlamento, e a realidade precária de nossa sociedade. Vianna produzia assim uma influente visão do interior brasileiro como uma geografia insolidária, violenta e atrasada, marcada pelo predomínio do latifúndio e do poder privado local. Só a centralização política estatal poderia combater essa distorção, e foi com essa convicção que o autor trabalhou em importantes postos do Estado Novo de Getúlio Vargas.

Note-se, entretanto, que o mesmo Oliveira Vianna que criticava a importação desenfreada de modelos políticos exógenos era um entusiasta das teorias racialistas europeias. Assim, em obras como *Raça e assimilação*, Vianna adotava uma linguagem científica sobre as raças e suas características físico-biológicas que o levava a adotar certas posições tidas hoje como racistas. Como se vê, não era fácil livrar-se das contradições que assolavam a imaginação sociológica brasileira nas primeiras décadas do século passado.

Mas o pensamento social brasileiro não se esgotava nos paradigmas geográficos e raciais. As obras de Gilberto Freyre (1900-87) e Sérgio Buarque de Holanda (1902-82) são exemplares de perspectivas calcadas em variáveis culturais. *Casa grande & senzala*, a obra máxima de Freyre, lançada em 1933, foi tida como uma das primeiras grandes análises do Brasil que combateram de forma decidida as teorias racialistas e enfatizaram a novidade cultural representada pela colonização portuguesa nos trópicos, marcada pela acomodação de diferentes raças numa sociedade fortemente miscigenada. Já o clássico de Holanda, *Raízes do Brasil*, foi lançado em 1936 e conquistou grande repercussão graças à sua análise culturalista do "homem cordial" brasileiro, tido como antípoda do moderno homem racional burguês. A obra de Holanda buscava analisar a sociabilidade do brasileiro por meio de uma análise da herança ibérica transplantada para o país. Tanto na obra de Freyre quanto na obra de Holanda percebe-se o tema da singularidade brasileira diante do mundo ocidental perpassando todos os grandes problemas discutidos.

Se no cenário europeu, que estudamos anteriormente, temas como divisão do trabalho, industrialismo e capitalismo inquietavam os primeiros sociólogos, nas primeiras décadas do século XX a grande questão que orientava o pensamento social brasileiro era a construção de uma nação moderna, fora do eixo central da civilização ocidental. Assim, as grandes teorias produzidas na Europa moderna eram adaptadas num país ainda maciçamente rural, onde a economia e a sociedade pareciam bem distintas do cenário verificado no Velho Continente. De Euclides da Cunha a Oliveira Vianna, passando por Alberto Torres, era comum a percepção de que o Brasil carecia de uma vida cívica semelhante à observada nos países centrais, o que demandava a criação de novas estratégias de ação estatal como forma de superar nossa condição "atrasada". Ao mesmo tempo que isso parecia ser uma "condenação", nos dava a possibilidade de criar saídas político-institucionais novas, que afirmassem uma nova forma de ser moderno. De certa maneira, essas ambiguidades persistiram nas décadas subsequentes, já com a sociologia institucionalizada nas universidades.

A institucionalização da sociologia

No final da década de 1920 e começos dos anos 1930, algumas iniciativas buscaram institucionalizar o conhecimento sociológico em universidades e centros de pesquisa. Data desse período, mais exatamente de 1935, a criação da Universidade do Distrito Federal, empreendimento realizado pelo então prefeito carioca Pedro Ernesto. Para a UDF convocaram-se pesquisadores e pensadores reconhecidos no cenário intelectual brasileiro, como Artur Ramos, Josué de Castro, Gilberto Freyre, Heitor Villa-Lobos e outros tantos. Infelizmente, o projeto foi vitimado pelo clima político do período e pelo intervencionismo do governo federal, que via em Pedro Ernesto não apenas um possível competidor eleitoral, como também um perigoso esquerdista. Já em 1935, Anísio Teixeira, importante educador renovador na década de 1920, era afastado por pressões políticas. Logo a instituição foi encampada no projeto autoritário do Estado Novo, num compromisso com grupos católicos que renegavam o projeto original da UDF. As ciências sociais ficaram sob abrigo da Faculdade Nacional de Filosofia (FNFi), no âmbito da Universidade do Brasil (atual UFRJ).

Na década de 1950 surgem outras iniciativas, como o Centro Latino-americano de Pesquisa em Ciências Sociais (Clapcs), criado em 1957 com patrocínio da Unesco. Concentrando-se na temática do desenvolvimento moderno, o centro abrigou uma importante revista — a *América Latina* — e talentosos sociólogos, como Luís de Aguiar Costa Pinto, mas suas atividades encerraram-se em 1976, após um período de grande produtividade nos anos 1960.

Pode-se dizer que as ciências sociais no Rio se caracterizavam pela disseminação do argumento sociológico nas variadas agências públicas que então se constituíam, mas não na forma de universidades dedicadas à pesquisa regular. Podemos mencionar o Instituto Brasileiro de Geografia e Estatística (IBGE), criado em 1938, e o Instituto Nacional de Estudos Pedagógicos (Inep), criado em 1937, como exemplos de instituições estatais que usavam recursos modernos de pesquisa social (estatística, questionários, entrevistas etc.) como mecanismos para racionalizar a administração da sociedade.

Essa ambiguidade entre ciência e política foi evidente na fundação do Instituto Superior de Estudos Brasileiros (Iseb), órgão originário do Ibesp, fundado em 1952 e destinado a ser uma espécie de agência intelectual de assessoramento para o desenvolvimento nacional. No Iseb, que foi encampado pelo Ministério da Educação, nomes como Hélio Jaguaribe, Guerreiro Ramos, Nelson Werneck Sodré, Álvaro Vieira Pinto e outros procuravam discutir o significado do nacionalismo brasileiro nos anos 1950 e 1960, além de produzir obras que insistiam na formulação de diagnósticos mais amplos e gerais sobre o destino do país. Esses intelectuais não eram pesquisadores profissionais, mas exerciam outras atividades e engajavam-se nos grandes debates políticos sobre o problema do desenvolvimentismo e da industrialização. Uma das obras mais significativas desse grupo foi *O nacionalismo na atualidade brasileira*, livro de Hélio Jaguaribe lançado pelo Iseb em 1958.

Em São Paulo, por sua vez, a criação, em 1934, da Faculdade de Filosofia, Ciências e Letras da Universidade de São Paulo foi essencial para abrir um novo capítulo da imaginação sociológica brasileira. Fundada por iniciativa das elites paulistas que buscavam reorganizar um bloco de poder que fora deslocado pela revolução de 1930, a USP recebeu professores franceses que foram essenciais para a consolidação de seus cursos nas áreas de ciências humanas. Para alguns estudiosos desse tema, a sociologia que viria a ser aí praticada se beneficiaria de maior autonomia acadêmica do que a desfrutada pelos seus pares cariocas, além de ensejar uma produção intelectual mais próxima dos padrões científicos ditados pelos grandes centros da época, com grande valorização do rigor teórico e metodológico. Essa, por exemplo, é a visão de Sérgio Miceli, que analisou a história das ciências sociais no Brasil no capítulo intitulado "Condicionantes do desenvolvimento das ciências sociais", contido no primeiro volume de sua obra em dois tomos *História das ciências sociais no Brasil*.

É comum entre muitos estudiosos referir-se à "escola sociológica paulista" como uma espécie de tradição intelectual produzida na USP. Essa escola teria sido representada por nomes conhecidos da disciplina no Brasil, como Florestan Fernandes, Fernando Henrique Cardoso, Otávio Ianni e outros. Fernandes teve papel especial nesse processo, por ser o catedrático da cadeira de sociologia I e exercer forte liderança intelectual entre as gerações mais jovens. Sua polêmica com o isebiano Guerreiro Ramos ficou famosa e tornou-se exemplar das diferenças entre os dois grupos. Enquanto o sociólogo do Rio de Janeiro sustentava que a sociologia feita num país subdesenvolvido deveria usar os parcos recursos econômicos em projetos que auxiliassem a compreensão do desenvolvimento nacional, Florestan sustentava que os cientistas sociais brasileiros deveriam perseguir os mesmos padrões de rigor e consciência teórica alcançados pelos seus pares dos países centrais.

Os membros da escola paulista estavam empenhados na constituição do que acreditavam ser um conhecimento sociológico verdadeiramente científico e rigoroso, afastando-se do que reputavam ser o ensaísmo eclético e frouxo dos predecessores da Primeira República. Ao mesmo tempo, suas obras buscavam investigar temas e questões característicos da vida moderna paulista, como o operariado, as tensões raciais num contexto de modernização capitalista, o papel dos empresários e seus valores, as dificuldades criadas para a consolidação de uma ordem social verdadeiramente competitiva e aberta. Entre as principais obras representativas do período poderíamos destacar *A integração do negro na sociedade de classes* (1965), de

Florestan Fernandes; *Empresário industrial e desenvolvimento econômico no Brasil* (1964), de Fernando Henrique Cardoso; e *O colapso do populismo no Brasil* (1968), de Otávio Ianni.

O cenário paulista também era marcado pela presença da Escola Livre de Sociologia e Política, fundada em 1933. Ao contrário da FFLCH da USP, que abrigava uma concepção mais geral e teórica das ciências sociais, a ELSP se caracterizou por uma preocupação mais prática, com formação orientada para o treinamento rigoroso em técnicas de pesquisa empírica. A partir de 1941, a presença do sociólogo americano Donald Pierson nessa escola favoreceu a criação de uma pós-graduação, dando maior interesse acadêmico ao projeto. A precocidade de seu curso de mestrado atraía até mesmo formandos da USP, que se especializavam na pesquisa sociológica na Escola Livre.

Até recentemente, os historiadores da sociologia gostavam de enfatizar as diferenças entre a escola paulista e o grupo carioca representado pelo Iseb, tomando a primeira como mais "rigorosa" e "científica" do que o segundo. Levava-se em conta principalmente o aspecto institucional, que teria marcado definitivamente as diferenças entre os dois grupos. Porém, estudos atuais procuram desconstruir essa polaridade tão dura, enfatizando novas interpretações dos pensadores isebianos, as afinidades não explicitadas entre a escola paulista e o pensamento social supostamente ensaístico do qual procuravam se afastar (como faz Nísia Lima em seu livro *Um sertão chamado Brasil*), a existência de outros grupos e tradições sociológicas no Brasil e a disseminação do argumento sociológico fora da esfera da universidade. Afinal, por que não vislumbrar, na pesquisa social feita pelos pioneiros do argumento sociológico na Primeira República, grandes contribuições para o desvendamento da realidade brasileira?

Da mesma forma, por que não investigar os estudos sociais feitos por agências e órgãos públicos envolvidos no processo de construção do Estado? O critério institucionalista não pode ser o único a pautar a nossa compreensão da história da imaginação social no Brasil, sob risco de construirmos uma história da institucionalização da sociologia, e não da sociologia num sentido mais amplo. O cientista político Wanderley Guilherme dos Santos apontou os limites dessa postura institucionalista em texto contido no livro *Ordem burguesa e liberalismo político*.

Continuando nossa história, percebe-se que o argumento sociológico não ficou restrito a São Paulo e ao Rio de Janeiro. Em Minas Gerais, constituiu-se uma importante tradição de investigação social no âmbito da Faculdade de Ciências Econômicas da UFMG, departamento criado no início da década de 1940 com forte apoio da elite empresarial mineira. Os cursos de sociologia e política consolidados na década de 1950 faziam parte de uma formação econômica mais geral, voltada para a preparação de quadros para a burocracia estatal mineira, mas mesmo nesse contexto difuso um número significativo de cientistas sociais do estado logrou destaque no cenário nacional e completou sua formação em universidades americanas. Assim, pode-se dizer que em Minas cristalizou-se, nos anos 1960, uma geração de sociólogos e cientistas políticos versados nas técnicas modernas de pesquisa empírica e distantes da formação mais filosófica que predominava na Faculdade de Filosofia, Letras e Ciências Humanas da USP.

Em Pernambuco, por sua vez, a criação do Instituto Joaquim Nabuco, em 1949, representou uma iniciativa pioneira para a consolidação da pesquisa social em Recife. Fundado por iniciativa de Gilberto Freyre, que exercia então cargo de deputado pela UDN, o instituto propiciou um ambiente favorável para realização de pesquisas, montagem de biblioteca, catalogação de arquivos e documentos, e outros procedimentos necessários para a rotinização das ciências sociais, ao menos nas suas primeiras fases. É claro que Freyre exerceu grande influência sobre a temática do IJN, que se pautou por pesquisas culturalistas voltadas para o universo singular retratado em *Casa grande & senzala*. Note-se que Freyre também esteve envolvido em iniciativas anteriores de rotinização do ensino sociológico, já que em fevereiro de 1929 fora nomeado diretor da cátedra na Escola Normal de Pernambuco, sendo exonerado no ano seguinte por conta da revolução de 1930.

Pode-se dizer que a institucionalização da sociologia nas universidades e a criação de cursos de pós-graduação intensificaram a pesquisa social no Brasil e ampliaram a agenda de temas a serem investigados. Esse processo ganhou força nos anos 1960 e 1970 e consolidou-se nas duas últimas décadas do século XX, configurando o cenário atual da sociologia universitária brasileira. Questões raciais, desigualdade de gênero, novos movimentos sociais e novas relações de trabalho são apenas alguns dos exemplos desses novos interesses. Ao lado dessa diversidade, ampliou-se o repertório de técnicas, teorias e métodos usados pelos sociólogos brasileiros, o que implicou uma pluralidade maior de abordagens. Hoje em dia é comum o intercâmbio internacional, o treinamento doutoral no exterior e a maior integração com os circuitos internacionais de encontros acadêmicos. O sociólogo carioca Luiz Werneck Vianna usou o termo "americanização" para entender esse novo cenário mais fragmentado, no qual o argumento sociológico é utilizado em redes específicas formadas por intelectuais, atores sociais e grupos de interesse. Em lugar do ensaísta que pensava a "nação" de forma global — como no caso dos primeiros pensadores sociais e depois os isebianos —, temos inúmeras pesquisas localizadas, que têm por objeto temas específicos.

Entretanto, velhas obsessões que marcavam o pensamento social na Primeira República ainda são percebidas como constitutivas da nossa imaginação sociológica. O tema do desenvolvimento nacional, tão marcante para os ensaístas e para os isebianos nos anos 1950 e 1960, nunca foi totalmente abandonado e hoje permanece como um item motivador para se "pensar o Brasil".

Finalmente, é possível ver a sociologia sendo praticada fora do registro exclusivamente acadêmico. Como já mostramos, no período "pré-institucionalização", o argumento sociológico era comumente utilizado por pensadores que provinham dos mais diferentes campos do saber. Mesmo entre profissionais afastados do campo das ciências humanas percebia-se o uso desse tipo de raciocínio, como no caso dos engenheiros interessados no tema da reforma urbana no final do século XIX e começo do século XX. Boa parte das discussões que envolviam a modernização do Rio de Janeiro no período mobilizava argumentos a respeito da relação entre espaço e moralidade. Seguindo essa pista, é possível ver a relevância da imaginação sociológica na vida pública brasileira, principalmente nos dias atuais. Vejamos alguns exemplos.

Desde a redemocratização do Brasil, consagrada pela promulgação da Constituição de 1988, proliferam iniciativas voluntárias da sociedade civil, bem como as chamadas organizações não governamentais. Essas agências lidam com diversos problemas sociais que demandam a produção de conhecimento especializado sobre o social, tais como indicadores socioeconômicos, análises de políticas públicas e estudos comparados. Invariavelmente, o argumento sociológico está presente nessas diversas atividades. Hoje em dia, é praticamente impossível um governo produzir políticas públicas sem pesquisas prévias sobre as comunidades-alvo, o tipo de público a ser assistido, as diferentes técnicas empregadas etc. E nessas pesquisas faz-se necessário mobilizar a imaginação sociológica.

Na agenda contemporânea dos brasileiros, há diferentes temas que requerem a produção de conhecimento sociológico como forma de esclarecimento e compreensão dos problemas. Tome-se, por exemplo, a questão das ações afirmativas, traduzidas na forma de cotas raciais empregadas no processo de seleção das universidades públicas. Todos os argumentos utilizados — contra e a favor — mobilizam variáveis e relações causais características do raciocínio sociológico, enfatizando ora as estatísticas que comprovariam desigualdades raciais, ora a importância primordial do conceito de classe social para explicar o sucesso escolar e o acesso ao ensino superior. Discussões sobre a natureza das desigualdades no Brasil são essencialmente território da imaginação sociológica.

Mais recentemente, a polêmica envolvendo o impacto do "Bolsa Família" e de outros programas de transferência de renda na sociedade brasileira gerou uma grande discussão sobre o papel do consumo na definição de pertencimento de classe e sobre o efeito do aumento de renda na escolaridade. Afinal, o que leva alguém a ser considerado de classe média? Renda ou escolaridade? Têm importância os valores adotados pelas pessoas? Essas são perguntas que ativam nossa capacidade de relacionar variáveis, identificar causas e pensar sociologicamente. Nos próximos capítulos discutiremos mais a fundo alguns desses temas.

Capítulo 2

Cidadania e direitos

Objetivo

Este capítulo focaliza a temática "cidadania e direitos". O objetivo é apresentar aos alunos discussões clássicas e contemporâneas sobre esses temas, destacando as peculiaridades do contexto brasileiro e os dilemas atuais da cidadania no Brasil pós-Constituição de 1988. Os subitens discutirão temas como: as origens do conceito de cidadania; o processo de consolidação dos direitos nos países centrais; o percurso acidentado da cidadania no Brasil; os temas atuais da agenda pública (questão agrária, violência, pobreza e justiça).

Cidadania, modernidade e Estado-nação

O conceito de cidadania insere-se num contexto de advento da modernidade e estruturação do Estado-nação. É possível definir a modernidade como um complexo de instituições econômicas (produção industrial e economia de mercado) e políticas (Estado nacional e democracia de massa) que alteraram a fisionomia do mundo europeu a partir do século XVIII. A Revolução Francesa em 1789 promoveu a luta por direitos e reconheceu a cidadania como uma relação dos indivíduos com o Estado e com a nação. Como se percebe, esse evento marca uma mudança na forma de conceber a ordem política, vista a partir de então como uma estrutura de dominação que deveria encontrar legitimidade nas vontades dos "cidadãos". Além disso, a própria ideia de "cidadão" implica uma abstração significativa, já que pressupõe uma identidade que transcende particularismos, origens familiares e locais de nascimento.

A cidadania também não pode ser entendida sem o conhecimento das transformações pelas quais a concepção de pessoa humana passou na modernidade. A noção de individualidade assinala a passagem das sociedades tradicionais para as sociedades modernas. A complexa divisão do trabalho no capitalismo industrial, a perda da unidade religiosa e a migração do campo para as cidades contribuíram para criar o processo de individualização que gera autonomia afetiva e intelectual. Se na época medieval a individualidade não encontrava tanto espaço, a modernidade manifesta uma oposição entre indivíduo e sociedade, na qual o primeiro obtém vantagens e proteção. O sociólogo Émile Durkheim caracterizava essa transição como uma passagem da solidariedade mecânica — marcada pela homogeneidade social, a ausência de diferenciações significativas entre os indivíduos e a forte presença da coletividade — para a solidariedade orgânica — que implicaria maior individualização, especialização de funções e uma diversidade de papéis sociais.

A literatura dos primórdios da modernidade muitas vezes destacou um personagem individual dentro de uma ordem social opressiva que, em nome de valores normativos, punia o protagonismo pessoal. Um trabalho importante na antropologia brasileira, *Romeu e Julieta e a origem do Estado*, de Ricardo Benzaquen e Eduardo Viveiros de Castro, demonstra que a obra de Shakespeare introduz um sentimento de individualidade em seus personagens, na medida em que contestam a ordem social vigente e ultrapassam os limites impostos pela esfera familiar. Sabe-se que o romance do jovem casal termina de maneira trágica, mas trata-se de uma manifestação inequívoca de independência afetiva e de uma representação da intimidade dos indivíduos.

A ideia de intimidade está profundamente ligada ao contexto da modernidade. Antes, no mundo medieval, a residência característica do camponês geralmente compunha-se de um único cômodo, que era multifuncional na medida em que todas as atividades domésticas e cotidianas, desde o preparo de refeições até o ato de dormir, passando pelas relações sexuais e a higiene corporal, se realizavam no mesmo aposento. A ascensão da burguesia inaugura uma garantia da intimidade a partir da noção de privacidade, na qual a vida íntima e o isolamento individual passam a ser considerados legítimos. No mundo moderno, existe uma organização de tempo e espaço independentes um do outro. O trabalho, o sexo, as relações sociais não estão mais confinadas a um local exclusivo.

O sociólogo inglês Anthony Giddens examinou essas diferenças, argumentando que a modernidade implicaria uma descompressão tempo-espacial, já que "desencaixaria" os indivíduos de seus locais de vida particulares e os envolveria numa rede de relações sociais mais amplas e desvinculadas de cenários físicos limitados. Ou seja, o sujeito moderno lida, diariamente, com um espaço cada vez mais global e com um tempo "homogêneo", partilhado por milhares de outras pessoas e controlado por dispositivos impessoais (relógios, sinais de trabalho, apitos de fábrica etc.).

O Estado-nação é uma criação do mundo moderno que teve origem na Europa e designa uma organização política com um território delimitado, uma língua em comum e um conjunto de procedimentos que lhe garantem legitimidade para o uso da força. Com isso, o exercício do poder expressa a legalidade por meio da execução da lei geral. Conforme salientou o sociólogo alemão Max Weber, o Estado moderno detém o monopólio da violência, desautorizando o uso legítimo da força e das armas por particulares.

A ideia moderna de nação representa uma narrativa que visa superar as diferenças étnicas e regionais em nome de uma cultura que cria padrões de alfabetização universais por meio de um sistema educacional nacional. Assim, a nação cumpre a função de preservar um comportamento de fidelidade do cidadão em relação ao Estado, exprimindo uma uniformização de hábitos, condutas e costumes. Novamente, a Revolução Francesa é o melhor exemplo, pois criou a possibilidade de um vasto esforço de educação pública que auxiliou na construção de uma identidade política para os cidadãos configurada no Estado.

De modo geral, pode-se dizer que todos os indivíduos pertencentes a um Estado-nação têm direitos e deveres, inscritos numa ordem jurídico-política sob a vigência de uma constituição. Com a consolidação das identidades nacionais no século XIX, percebe-se que esses direitos e deveres variam de país para país. Ao contrário dos direitos humanos, que visam à universalidade, na medida em que são direitos da pessoa humana na sua dignidade, a cidadania refere-se especificamente a um Estado. Embora nas sociedades democráticas os direitos de cidadania estejam de acordo com os direitos humanos, pode haver especificidades segundo a Carta Magna de cada país.

A trajetória da cidadania: questões teóricas

T. H. Marshall formulou uma conceituação de cidadania que se tornou clássica. Segundo esse autor, mais do que uma sequência cronológica, existe uma ordem lógica na confecção dos direitos na história da Europa. Inicialmente surgem os direitos civis na Inglaterra, no século XVIII, que dizem respeito às garantias à liberdade individual, ao direito à propriedade e à igualdade perante a lei. Trata-se de uma liberdade moderna na acepção de Benjamim Constant. Isto é, estamos falando do direito de ser submetido somente às leis, dispensando a vontade árbitrária de um ou mais indivíduos. No rol dos direitos civis podemos encontrar instituições consagradas nas constituições democráticas, como o *habeas corpus*, por exemplo.

Não se trata da liberdade dos antigos, que conferia o direito de exercício coletivo da palavra e da ação, como, por exemplo, pronunciar julgamento em praça pública e votar leis. A liberdade antiga implicava uma concepção participativa do indivíduo, tido como um membro da comunidade política que só teria vida plena na pólis. A liberdade no mundo moderno garante aos indivíduos a inexistência de obstáculos aos deslocamentos, consagrando o direito de ir e vir, assim como a realização de reuniões, a manifestação de pensamento e a inviolabilidade do lar. Não pressupõe uma concepção comunitarista do indivíduo, mas, antes, uma visão do sujeito como detentor de direitos inalienáveis.

Os direitos políticos concernem à participação dos indivíduos na esfera política de um Estado-nação e são introduzidos com maior nitidez no século XIX. De posse dos direitos civis, os cidadãos ingleses reivindicaram a prerrogativa de escolher os mandatários do governo. Também garantem a formação de partidos políticos, o direito de votar e ser votado. De modo geral, os direitos políticos somente são viáveis se houver direitos civis. Por exemplo, a livre associação cuja ação é orientada para a conquista do poder político dentro do Estado-nação é uma dimensão fundamental da política no mundo moderno.

Ainda no século XIX, eclodiu a questão social na Europa. O inchaço das cidades deu visibilidade à existência de "problemas sociais", como miséria e falta de emprego e moradia. De posse dos direitos civis e dos direitos políticos, faltava aos indivíduos uma construção social que promovesse a garantia de serviços sociais. As lutas políticas e ideológicas entre socialismo e liberalismo travadas naquele século ensejaram a criação dos direitos sociais no século seguinte e incluíram o mundo do trabalho, assegurando aos indivíduos uma rede de proteção social.

A questão social foi objeto de inúmeros trabalhos clássicos nas ciências sociais. O pensador austríaco Karl Polanyi estudou o impacto da implantação do liberalismo na economia e na sociedade inglesas, evidenciando o poder desagregador exercido pela mercantilização da terra e do trabalho. Polanyi argumentou que a erosão das tradicionais formas de associação humana implicou um movimento de autoproteção por parte da própria sociedade. Dessa forma, pode-se dizer que os direitos sociais resultam da própria dialética produzida pela expansão do livre mercado, que exige dos homens a produção de normas e regras que permitam a integração social. Já o francês Robert Castel mostrou como a ideia de proteção social implicou a constatação de que o trabalho era uma das instâncias fundamentais da dignidade humana. Segundo Castel, a trajetória dos direitos sociais é uma evidência de que o Estado reconheceu a existência de formas mais amplas e abstratas de solidariedade que transcendiam o indivíduo, tido pelo liberalismo como única instância depositária de direitos.

Como se vê, a evolução da cidadania implicou a construção de novas formas de solidariedade social, um tema clássico na teoria sociológica ainda hoje. O sociólogo germano-americano Reinhard Bendix, por exemplo, mostrou como todo Estado moderno teve que lidar com a coordenação entre autoridade pública e solidariedades particulares. Nesse contexto, os diferentes grupos sociais e elites políticas foram compelidos a reorganizar os mecanismos associativos num âmbito "nacional", produzindo novas formas de lealdade que universalizassem a cidadania nos Estados-nações. O alemão Jürgen Habermas, por sua vez, argumentou que a modernidade política implicou a reflexão sobre uma legitimidade "pós-metafísica". Ou seja, numa ordem diferenciada e plural, na qual não mais era possível fundar consensos em torno de crenças religiosas comuns, onde haveriam os homens de encontrar um fundo de valores comuns que os amalgamasse? Toda a teoria política desde então teve que enfrentar esse dilema, buscando verificar quais instâncias poderiam produzir esse consenso.

Críticas ao conceito clássico de cidadania

Vista pela ótica de Marshall, a história do conceito de cidadania aparenta ser uma evolução linear e tranquila. Entretanto, já no século XIX era possível perceber críticas às falhas e inadequações dessa ideia. Um dos principais teóricos clássicos da sociologia, Karl Marx, consolidou boa parte dessas críticas ao denunciar "o falso universalismo" que era o pressuposto da cidadania.

Segundo Marx, a moderna ordem política baseava-se numa cisão entre sociedade civil e política. Enquanto nesta reinava o universalismo (todos são cidadãos) e pressupunha-se que o indivíduo deveria agir e pensar de forma "pública", naquela imperava a distribuição desigual de propriedade e o indivíduo agia movido pela busca de interesses econômicos. Para Marx, esse universalismo operava como uma ideologia, pois encobria as desigualdades materiais e perpetuava sua causa principal, a propriedade privada dos meios de produção, tida como "direito inalienável". Isto é, toda a linguagem política que sustentava a concepção moderna de cidadão contribuía para a manutenção do poder de uma classe social — a burguesia — sobre outra — o proletariado.

Mais recentemente, à clássica crítica marxista juntaram-se reflexões vindas de outras matrizes teóricas, embora, em geral, todas convirjam para a denúncia do falso universalismo contido na ideia de cidadania. Autoras feministas, por exemplo, mostraram como o conceito de espaço público, central para qualificar o cenário onde os cidadãos debatem e interagem, produzia uma identificação completa entre "cidadão" e "masculino". Isso porque o espaço público tinha como pressuposto a rígida demarcação entre assuntos privados, tidos como típicos da vida doméstica dos indivíduos, e assuntos públicos, como a política. Ora, mas era na vida doméstica que se dava a reprodução cotidiana da opressão feminina, e esses assuntos estavam longe de ser "privados" para as mulheres. Ou seja, as feministas argumentam que a cidadania foi construída sem levar em conta um aspecto central da vida social moderna: a hierarquia "naturalizada" dos papéis masculinos e femininos.

Outro grupo de críticas origina-se dos teóricos que consideram que o universalismo contido na ideia clássica de cidadania teria obscurecido identidades "minoritárias". Isso porque o modelo do "cidadão" teria sido construído tomando por base as características dos indivíduos dos grupos hegemônicos em cada sociedade. Ou seja, a promessa de igualdade das democracias modernas esbarraria na subalternidade de posturas, ações e práticas de comunidades e indivíduos não "modelares". Por exemplo, em alguns países, as populações indígenas permaneceram à margem das normas gerais, pois eram consideradas "especiais" ou "diferentes", merecendo, portanto, um tratamento tutelar. Nos Estados Unidos, os negros no Sul enfrentaram uma segregação legalizada até meados da década de 1960, o que implicou um longo processo de violência não apenas material e física, mas também simbólica. Nos países periféricos submetidos à colonização europeia, as populações nativas, negras e mestiças também foram alvo de variados estigmas, sendo colocadas à parte do "universalismo" da cidadania.

Para os pensadores ligados à teoria do reconhecimento, como o canadense Charles Taylor e o alemão Axel Honneth, a subjetividade individual resulta de um processo intersubjetivo no qual a autoimagem de uma pessoa é produto não apenas de sua própria individualidade, mas também das palavras e dos atos de outros. Ambos os autores interpretam os conflitos sociais como demandas morais por dignidade e respeito, e não como simples choques entre interesses. Assim sendo, é possível postular que o reconhecimento é condição básica para a consolidação da cidadania, além dos direitos formalmente normatizados. Portanto, muitos críticos ligados ao multiculturalismo sustentam que não basta produzir regras universais que garantam acesso à educação, saúde e renda, mas que se deve atentar para os processos simbólicos que produzem a negação e/ou a estereotipação de grupos minoritários.

Mais recentemente, alguns pensadores vêm tentando articular a crítica marxista — centrada na denúncia da desigualdade de propriedade — com a crítica das teorias do reconhecimento, num esforço para conjugar "distribuição" e "reconhecimento". É o caso da americana Nancy Fraser.

Nos últimos anos, o advento da globalização originou discussões a respeito da "cidadania global". Alguns teóricos argumentam que as migrações, o fluxo financeiro global e as novas formas de interação virtual obrigam os homens a pensar instituições e processos capazes de criar um arcabouço de direitos que transcenda o espaço do Estado-nação. A União Europeia é um exemplo desse processo, pois implica uma complicada transição de uma concepção nacional de cidadania a uma concepção transnacional e continental que reconheça a pluralidade da Europa contemporânea e as novas configurações de suas sociedades e economias. Habermas argumenta que, num cenário desses, não é mais possível fundar normas e consensos recorrendo a tradições culturais homogêneas, e usa o conceito de "patriotismo constitucional" para dar conta de formas de lealdade política que exijam a adesão de diferentes cidadãos a procedimentos deliberativos comuns. Ou seja, o indivíduo poderia ser um "cidadão" sem ter que compartilhar crenças e valores religiosos ou culturais comuns com outras pessoas.

Como se percebe, a teoria habermasiana é uma tentativa de encontrar matrizes políticas que garantam a solidariedade cívica num cenário marcado pela globalização e pelo multiculturalismo. Muitos críticos de Habermas, entretanto, suspeitam que mesmo seu "patriotismo constitucional" ainda é fortemente eurocêntrico, por se constituir a partir de procedimentos e modos de deliberação característicos da experiência do Velho Continente e alheios à cultura política de outros povos. Quando olhamos para os problemas dos muçulmanos na França e dos turcos na Alemanha, percebemos que ainda há muito trabalho a ser feito para produzir uma real cidadania transnacional que contemple cidadãos de origens diversas.

Cidadania no Brasil republicano: um percurso acidentado

A construção da cidadania sugerida por Marshall está apoiada num tripé de direitos: civis, políticos e sociais. Sucede que no Brasil essa sequência não ocorreu de forma similar ao suposto trajeto dos países europeus e da América do Norte. O historiador José Murilo de Carvalho salienta que no Brasil ocorreram duas diferenças fundamentais: a primeira diz respeito à primazia dos direitos sociais em detrimento dos outros direitos, enquanto a segunda refere-se à sequência que os direitos tiveram no país, uma vez que os direitos sociais ganharam precedência sobre os demais.

A abolição da escravidão em 1888 foi um marco importante no percurso da cidadania no Brasil porque estendeu os direitos civis aos ex-escravos. O Brasil foi o último país no Ocidente a libertar os escravos, e a herança colonial exerceu forte influência na construção da vida social brasileira. Até hoje a sociologia se vê às voltas com o legado escravista para a consolidação da cidadania no Brasil, já que a simples decretação legal do fim do regime servil não implicou necessariamente uma integração harmoniosa dos negros no conjunto da população brasileira.

A proclamação da República em 1889 não conseguiu alterar significativamente os obstáculos ao direito à liberdade individual, já que a grande propriedade rural permaneceu como herança dos tempos coloniais e impediu a plena expansão dos direitos civis. No período entre 1889 e 1930, o Brasil era ainda um país essencialmente rural, onde o controle político de várias regiões estava nas mãos de grupos oligárquicos que dominavam o processo eleitoral num equilíbrio entre poderes federais, locais e municipais. Assim, o voto não era totalmente livre, e havia evidente descompasso entre as instituições republicanas, fiéis ao modelo liberal, e a vida social brasileira, marcada pelo predomínio do latifúndio e pela dificuldade de estender os direitos civis às camadas populares. Isso levou inúmeros pensadores da época a escrever sobre a cisão entre "país legal" (o Brasil das leis e instituições) e "país real" (o Brasil dos sertões). Entre eles podemos citar Alberto Torres e Oliveira Vianna como os principais.

A Primeira República marcou a hegemonia dos estados de São Paulo e Minas Gerais na condução do país e não dispensou a participação dos coronéis, que negavam o exercício dos direitos civis e criavam obstáculos aos direitos políticos. Mas a Primeira República não foi apenas cenário adverso para a consolidação dos direitos no país. Com o processo de industrialização iniciado nas capitais brasileiras, surgiu uma classe operária urbana que propiciou uma luta mais ampla pelos direitos de cidadania. Os operários lutaram pelo direito de organização e manifestação, além de reivindicar uma legislação trabalhista que regulasse o mundo do trabalho. Foram inúmeros os episódios que evidenciaram a revolta popular contra o despotismo estatal e as demandas por uma ampliação do espaço republicano. Entre eles podemos citar a "revolta da vacina" no Rio de Janeiro, as insurreições anarquistas nos anos 1910 (em cidades como São Paulo e Rio) e mesmo movimentos de jovens militares na década de 1920, como o tenentismo.

A revolução de 1930 marcou uma importante inflexão na história do Brasil. A mudança crucial diz respeito aos direitos sociais, que entraram de forma definitiva na agenda do Estado com a criação de ministérios específicos para tratar das questões do trabalho, da saúde e da educação, e com a consolidação de uma legislação trabalhista que já vinha sendo paulatinamente desenvolvida nos anos anteriores. Os direitos políticos sofreram constantes atropelos, culminando com a decretação do Estado Novo, que fechou o Congresso Nacional e fez prender inúmeros ativistas políticos. Foi um regime ditatorial civil-militar, de forte teor autoritário, mas que construiu uma interpelação simbólica com a classe trabalhadora. Foi nessa época que o sindicalismo brasileiro se organizou sob a órbita do Estado, que desempenhava um papel de supervisor e controlador das relações entre empregados e empregadores. Como foi dito antes, os direitos sociais receberam nesse período grande atenção em detrimento dos direitos políticos e civis.

Com inspiração positivista, as lideranças que assumiram o governo nos anos 1930 entendiam que a resolução da questão social se daria pela incorporação dos trabalhadores à sociedade por meio de ações que evitassem o conflito social e estimulassem a cooperação entre a classe operária e os patrões. Medidas como a criação da carteira de trabalho (1932) e a adoção do salário mínimo (1940), assim como a Consolidação das Leis do Trabalho (1943), ergueram a estrutura de direitos sociais que iria atravessar os períodos seguintes da história do Brasil, tanto na democracia, quanto na ditadura.

Se por um lado a legislação trabalhista implementada significou um avanço na regulação do mundo do trabalho, por outro representou uma política social que excluiu trabalhadores rurais e, na vida urbana, autônomos e empregados domésticos. Estes não foram contemplados com a previdência social e tampouco eram sindicalizados. Wanderley Guilherme dos Santos afirma tratar-se de uma cidadania regulada, que não se apoia num código de valores políticos, e sim num sistema de estratificação, fruto de uma herança escravocrata que confere a cidadania a homens e mulheres que exercem ocupações reconhecidas e definidas em lei.

Assim, a cidadania regulada é contrária às raízes da cidadania, ligadas a valores inseparáveis do conceito de membro de uma comunidade. Ademais, opera a partir de uma seletividade que hierarquiza as funções no mundo do trabalho e se opõe à tendência equânime verificada no mundo europeu. Luiz Werneck Vianna fala numa "ampliação autoritária da República", já que a ordem consolidada em 1937 implicou a incorporação da classe trabalhadora e de sua cultura de direitos, mas sob a égide de um regime que negava a livre associação civil e política. A historiografia recente, especialmente o trabalho de Angela de Castro Gomes, vem mostrando como era equivocada a ideia de um trabalhador "passivo", supostamente alienado e cooptado pelo paternalismo varguista. Mais do que simples manipulação, havia uma constante luta das lideranças trabalhistas por mais espaço e reconhecimento de suas demandas, o que implicava um tenso diálogo com o Estado e seus atores.

Tanto empenho em organizar o mundo do trabalho fez com que Getúlio Vargas, no fim de seu governo, promovesse uma maciça campanha de propaganda política de seus feitos nessa área. Difundiu-se a ideia de gratidão por parte dos trabalhadores ao presidente que concedeu direito inédito à massa de homens que antes não tinham nenhuma proteção social. O DIP e o Ministério do Trabalho foram atores fundamentais na consolidação dessa relação entre direitos trabalhistas e Vargas, mas isso não implicou uma simples aceitação passiva desse discurso. Ao longo da República de 1946, os trabalhadores e seus movimentos políticos progressivamente passaram a questionar aspectos autoritários desse legado, reinterpretando a cultura dos direitos sociais numa ordem democrática.

A Constituição de 1946 conservou os direitos sociais anteriormente implementados e conferiu direitos políticos e civis, como a extensão do voto a homens e mulheres acima de 18 anos (excluindo ainda os analfabetos, que representavam um largo contingente da população). Nessa quadra é possível verificar vários eventos de participação popular, como a campanha pela criação da Petrobras (1953), além da existência política e social dos movimentos estudantil e operário. E, pela primeira vez na história do país, os trabalhadores rurais apresentaram-se no cenário nacional com algum grau de organização por meio das Ligas Camponesas. Cresceram também os índices de sindicalização rural, movimento incentivado pelo PCB e por federações camponesas. De maneira geral, a República de 1946 representou um breve, porém intenso, experimento democrático, com alto grau de energia política e cívica.

Ressalte-se que, como assinala Carvalho, duas decisões tomadas podem ser interpretadas como uma regressão. Trata-se da cassação do registro de funcionamento do Partido Comunista (1947), o que levou essa agremiação política à clandestinidade. Vale dizer que, na eleição de 1945, o PCB obteve 10% dos votos para presidente e conseguiu eleger 17 deputados federais. O motivo que levou à anulação da existência legal do partido foi um artigo de lei constitucional que proibia organizações políticas que fossem contrárias ao regime democrático. A segunda decisão que significou um retrocesso foi tomada em 1963 pelo Tribunal Superior Eleitoral, que decidiu pela inelegibilidade de suboficiais e sargentos. Se por um lado não desapareceram as práticas ilícitas de conquista de votos, apesar da existência de uma Justiça Eleitoral, por outro a participação popular na política ampliou-se em duas frentes. A primeira com o aumento do colégio eleitoral, pois, se em 1930 o percentual de votantes era equivalente a 5,6% da população, em 1962 esse índice subiu para 26%. A segunda com as manifestações populares ensejadas por diversas organizações que representavam os interesses distintos de variados grupos sociais.

O golpe militar de 1964 significou um duro abalo nos direitos civis. Por meio dos atos institucionais os governos militares introduziram uma série de medidas restritivas, a começar pelo ato de 9 de abril de 1964, que cassou os direitos políticos de lideranças intelectuais, sindicais e políticas. O segundo ato institucional, de outubro de 1965, criou o bipartidarismo e acabou com a eleição direta para presidente. As liberdades individuais foram restringidas, e facultou-se à justiça militar julgar civis em casos de segurança nacional. Os poderes do presidente foram ampliados, possibilitando-lhe fechar o Congresso (o que aconteceu em seguida) e decretar estado de sítio.

Mas foi em 1968 que o governo militar apelou para o recrudescimento do regime. O Ato Institucional nº 5 fechou o Congresso, cassou mandatos de deputados e determinou a demissão sumária de diversos funcionários públicos. Naquele mesmo ano, diversas greves e manifestações entraram para a história do país. A morte do estudante Édson Luís, durante uma marcha contra a ditadura, e a "passeata dos 100 mil", a favor da democracia e contra o autoritarismo, marcaram essa quadra. Estudantes, políticos, operários, camponeses e diversos cidadãos reagiram à ditadura formando guerrilhas urbanas e rurais que visavam minar o poder do governo militar e empreender transformações revolucionárias no país. A chamada "luta armada" incluiu sequestros de personalidades tidas como aliadas do regime, como forma de liberar prisioneiros políticos, assaltos a bancos e atentados contra quartéis.

Durante o governo Médici (1969-74), o país viveu a fase mais aguda da repressão política. A pena de morte, que havia sido abolida com a proclamação da República, foi reintroduzida por meio da Lei de Segurança Nacional, que previa morte por fuzilamento. Além disso, a censura abarcou todos os meios de comunicação, e intensificou-se a perseguição política nas universidades, sindicatos e diversas instituições. As agências de informação que giravam na órbita do Serviço Nacional de Informação (SNI) cresceram de tal maneira que praticamente se cristalizaram como micropoderes em delegacias e batalhões da Polícia Militar. O DOI-Codi, órgão que reunia militares e policiais nos vários estados brasileiros, intensificou as prisões arbitrárias e a prática da tortura. O desaparecimento de pessoas passou a ser comum. Instituições como a OAB, a ABI e principalmente a Igreja Católica tornaram-se redutos de oposição ao regime e saíram em defesa de combatentes e adversários da ditadura.

Vale salientar que durante o período dos militares no poder o Congresso permaneceu aberto, salvo algumas breves suspensões. No sistema bipartidário, existiam a Arena e o MDB. O primeiro era um instrumento político do governo para respaldar suas decisões dentro do Senado e da Câmara. Como partido majoritário nas duas casas, apoiou boa parte dos projetos do regime militar. O papel de oposição do MDB era penoso, pois fazia parte de um jogo de cartas marcadas e legitimava uma falsa aparência de direitos políticos, uma vez que os vereadores, deputados e senadores desse partido, quando denunciavam os abusos do regime, tinham imediatamente seus mandatos cassados. Mas seus líderes entendiam que com o Congresso aberto era possível manter uma trincheira legal de resistência, ainda que delgada.

Se os direitos civis e políticos sofreram reveses, alguns direitos sociais, por sua vez, foram ampliados. Os tecnocratas do regime implementaram um plano de reformas que previa a universalização da previdência. Estenderam-se certos direitos previdenciários aos trabalhadores rurais, por meio do Funrural, instituído em 1971, e criou-se o Fundo de Garantia do Tempo de Serviço (FGTS) — instrumento que visava substituir a estabilidade do emprego na iniciativa privada —, pago pelos empregadores e passível de ser sacado pelos trabalhadores em caso de demissão. O acesso à casa própria foi estimulado com a criação do Banco Nacional de Habitação (BNH). Em termos econômicos, foi um período de intenso crescimento, popularmente conhecido como "milagre".

Com a posse do general Ernesto Geisel em 1974, o processo de redemocratização começou lentamente a ganhar forma. Quatro anos depois foi revogado o AI-5, já sob forte pressão da oposição, que ganhava força com o MDB e com o crescimento da sociedade civil. No início do governo do general João Figueiredo (1979-85) foi votada no Congresso a Lei de Anistia, que permitiu o retorno de lideranças políticas exiladas. Com a extinção do bipartidarismo, novos partidos surgiram, entre eles o Partido dos Trabalhadores (PT), criado em 1980, apoiado num tripé: grupos progressistas da Igreja Católica, lideranças sindicais, principalmente dos metalúrgicos da região do ABC de São Paulo, e intelectuais de esquerda. Com o retorno das eleições diretas para governador, antigos opositores do regime foram eleitos, como o ex-governador do Rio Grande do Sul, Leonel Brizola, ferrenho adversário dos militares golpistas. A Lei de Anistia até hoje causa grande embaraço, uma vez que extinguiu as consequências jurídicas contra aqueles que lutaram contra a ditadura, enquadrados na Lei de Segurança Nacional, mas também anistiou os que praticaram a tortura.

Em 1985 o país realizou eleições indiretas para presidente, depois do grande entusiasmo cívico com a campanha das "Diretas Já", que não conseguiu aprovar a emenda Dante de Oliveira. José Sarney foi eleito e iniciou o processo de transição civil, que culminou na primeira eleição direta para presidente depois do regime militar de 1964 e na posse de Fernando Collor (PRN). Os anos 1980 foram extremamente ricos e conturbados, pois o país conviveu com um gravíssimo problema inflacionário — rescaldo da crise da dívida e dos efeitos negativos do "milagre" — e uma intensa mobilização popular, traduzida na promulgação da Constituição de 1988. Essa carta marcou a normalização do país e abriu uma nova fase para a cidadania brasileira, já que consolidou uma série de direitos sociais existentes e ampliou significativamente a esfera dos direitos civis e políticos (o voto foi estendido aos analfabetos e tornou-se facultativo para os jovens entre 16 e 18 anos). Na próxima seção discutiremos alguns temas contemporâneos relativos à cidadania no Brasil, dentro do contexto democrático configurado pela Carta de 1988.

Cidadania no Brasil contemporâneo: questões e temas

Questão agrária

A distribuição de propriedade no meio rural é uma das mais antigas "questões sociais" do Brasil, remontando ao modelo de colonização implantado (grandes extensões de terra, as sesmarias), ao enorme território conquistado como "área de fronteira" e à própria dificuldade de se instituir uma regulação pública do tema. A Lei de Terras de 1850 é evidência disso, uma vez que, ao normatizar as possibilidades de compra e venda da terra, ratificou a posse, mas transformou a terra numa mercadoria cuja aquisição era proibitiva para os setores populares.

O período republicano conheceu diversas iniciativas visando à organização do mundo rural, especialmente diante da crescente mobilização de pequenos proprietários, sem-terra, camponeses etc. Foi assim nos anos 1950 e 1960, com o protagonismo de movimentos sociais, partidos políticos e associações sindicais que pressionavam pela mudança do modelo de propriedade e pela modernização das relações trabalhistas no campo. De modo geral, pode-se dizer que a questão agrária no Brasil nunca esteve dissociada da violência, já que o poder local dos grandes proprietários rurais fez com que as instituições jurídicas e políticas ficassem sob influência do latifúndio. Esse fato redundou na dificuldade de se interpelar democraticamente os conflitos, que terminavam resolvidos com assassinatos, pistolagem e "grilagem" de terras públicas.

No período pós-regime militar, a mobilização em torno da questão agrária recrudesceu significativamente. Em 1984 foi fundado o movimento dos Trabalhadores sem-terra (MST), organização que usava o instrumento das ocupações de terra para pressionar pela desapropriação dos latifúndios. Os sindicatos rurais, por sua vez, também se fortaleceram, ao passo que as próprias entidades representativas dos grandes proprietários passaram a se organizar politicamente de forma mais intensa. O processo constituinte que culminou na Carta de 1988 produziu novo espaço para embates em torno do tema, com um choque constante entre as bancadas de esquerda e direita, que defendiam projetos antagônicos.

A Carta de 1988 consagrou a ideia da "função social" da propriedade, o que propiciou aos movimentos sociais um instrumento jurídico para questionar a legalidade das grandes propriedades. Além disso, criou os mecanismos para o processo de desapropriação de terras improdutivas, embora esse processo tenha tido resultados dúbios, devido à dificuldade de implementar integralmente os objetivos planejados e à própria discussão jurídica em torno da posse da terra, assunto historicamente nebuloso no Brasil. Durante os dois governos Fernando Henrique Cardoso (1995-98 e 1999-2002), as ocupações promovidas pelo MST se intensificaram, assim como as reações violentas por parte de forças policiais e fazendeiros. O chamado massacre de Corumbiara, em 1995, evidenciou esse acirramento de tensões. Paralelamente, crescia a importância do agronegócio na pauta de exportação brasileira, o que contribuiu para dar maior legitimidade aos grandes proprietários e aumentar o processo de expansão da pecuária e da soja em áreas do Cerrado e na Amazônia.

Durante o governo Lula (2003-06), os conflitos não foram resolvidos. Embora o governo tenha dado ênfase maior à agricultura familiar, com programas especiais para pequenos produtores, a velocidade do processo continuou aquém das demandas dos movimentos sociais, que apoiaram o candidato do PT durante o período eleitoral. Ao mesmo tempo, o poder do agronegócio na política e na economia brasileiras aumentou, ocasionando mais conflitos em torno da posse da terra e do meio ambiente.

Pobreza, desigualdade e direitos

A Constituição de 1988 também criou novos instrumentos para o combate à pobreza, além de consagrar direitos já existentes. Cabe citar aqui a universalização definitiva dos direitos previdenciários para idosos no mundo rural, contemplando o vasto setor informal dessas áreas. Tal medida incorporou ao sistema de proteção social um numeroso contingente de idosos, embora, para alguns críticos, tenha produzido grande impacto nas contas da Previdência. Além disso, os governos pós-1988 foram progressivamente ampliando a rede de proteção nas áreas rurais.

Criaram-se também diversos dispositivos e leis orgânicas visando ampliar não apenas a rede de proteção, mas também o protagonismo da sociedade civil na gestão e no acompanhamento dessas políticas públicas. Entre as inovações podemos citar a Lei Orgânica de Assistência Social, aprovada em 1993, e o Sistema Único de Saúde (SUS), este último uma ambiciosa experiência que combina uma rede pública nacional com mecanismos descentralizadores que preveem intensa participação dos usuários da rede. Infelizmente, permanecem os obstáculos para a implantação efetiva desses benefícios, que esbarram na ausência de recursos financeiros, na difícil gestão da máquina pública e na própria dificuldade de se consolidar uma cultura política democrática na sociedade brasileira.

Mais recentemente, os governos Fernando Henrique e Lula intensificaram o uso de políticas sociais compensatórias, cujo maior exemplo é o "Bolsa Família". Esse instrumento prevê uma renda mensal regular para famílias que estão abaixo da linha da pobreza e que comprovem vacinação e frequência escolar dos filhos. O programa é alvo de polêmica não apenas entre a opinião pública, mas também na comunidade acadêmica. Há quem veja na estratégia de "focalização" uma forma de abandonar a universalidade dos direitos sociais e prover apenas benefícios localizados e contingentes para os setores subalternos da sociedade, sem que isso implique uma real alteração da estratificação da sociedade. Outros questionam o quanto essas políticas realmente contribuem para a emancipação autônoma do seu público.

Finalmente, a atuação dos movimentos negros no país colocou em pauta a luta por mecanismos de ação afirmativa, ou seja, políticas públicas específicas direcionadas para a promoção social de grupos particulares, como os afrodescendentes. Em 2001, o Brasil participou com uma grande delegação da Conferência de Durban, ocasião em que o governo passou a tratar mais abertamente da desigualdade racial no país. Desde então, crescem as iniciativas que visam solucionar esse problema, das quais o exemplo mais conhecido (mas não o único) são as cotas raciais nas universidades públicas. Essas cotas conferem uma reserva de vagas para cidadãos de determinada origem étnica. Além disso, desde 2000 circula no Poder Legislativo o Estatuto da Igualdade Racial, que busca incorporar a variável racial nas mais diversas políticas públicas no Brasil.

As ações afirmativas provocam muita polêmica no país, porque rompem com uma tradição universalista que marca a reflexão sobre direitos. Ao postularem que a identidade racial seja um critério relevante, esses mecanismos vão de encontro às imagens mais comuns que os brasileiros concebem do país, baseadas na consagração da mestiçagem e da ausência de segregação racial legal após-1888. Muitos críticos acreditam que as cotas servirão para "racializar" a sociedade, instituindo clivagens artificiais numa sociedade fortemente miscigenada e refratária a esses recortes. Já os defensores das ações afirmativas sustentam que o racismo brasileiro é "oculto", mas poderoso, e que a ausência de discriminação legal não implicou a anulação da desigualdade racial, já que, segundo eles, as estatísticas disponíveis reforçam a diferença de renda e educação entre brancos, de um lado, e negros e pardos, de outro.

Violência, questão urbana e direitos civis

Um dos maiores desafios que o tema da cidadania enfrenta no Brasil nos dias atuais é a garantia dos direitos civis. Admite-se que a sociedade brasileira atravessou o período autoritário graças a um pacto institucional (também chamado Nova República) e que a Carta de 1988 foi um avanço histórico para a restituição da cidadania plena. Não obstante, as instituições do Estado que devem zelar pela segurança pública ainda não se encontraram com os aspectos fundamentais da vida democrática, entre eles o respeito ao cidadão. Ao mesmo tempo, observou-se uma desenfreada expansão do tráfico de drogas ilícitas, processo que caminhou de mãos dadas com a entrada de poderosas armas de fogo que abastecem quadrilhas instaladas nas favelas cariocas e de outras cidades do Brasil afora.

O prosaico direito de ir e vir na sociedade brasileira ainda é uma prática restrita a alguns segmentos da população. Contingentes significativos da sociedade brasileira vivem em áreas urbanas dominadas pelo tráfico de drogas e armas — e mais recentemente pelas denominadas milícias —, estando submetidos diariamente à opressão de criminosos organizados que controlam o local numa relação promíscua com os nichos de corrupção policial.

Com a transição democrática, as instituições públicas se viram obrigadas a conviver com a reconstrução de paradigmas dentro de um estado de direito. Contudo, uma delas ainda não conseguiu alcançar uma renovação institucional: as polícias estaduais. Em plena vigência da ordem democrática, ainda persistem no país certos procedimentos da polícia, tais como transgressão das normas institucionais, extorsão, abuso contra negros e pobres, humilhação, tortura e ineficácia estrutural no combate ao crime organizado. Os critérios de *accountability* não são formalmente institucionalizados, dando margem assim à prática cotidiana de "autonomia operacional", sem uma articulação em termos de política de segurança pública. Além disso, o poder econômico do tráfico coopta com facilidade grupos de policiais. Historiadores como Marcos Bretas já chamaram a atenção, em seus trabalhos, para a longevidade do tratamento desigual dado à população pobre pelas polícias militares e civis de todos os estados da federação.

Como a sociologia e as ciências sociais interpretam a persistência desse problema no Brasil contemporâneo? Durante todo o período republicano, a "questão social" foi tratada como uma questão de polícia, e os setores mais pobres da população brasileira sofreram com o arbítrio das polícias. A antropóloga paulista Tereza Caldeira sugere que o abuso por parte das instituições da ordem não seria mera "disfunção institucional", e sim uma prática cultural difundida que aponta para uma coincidência entre a apresentação da autoridade, a manutenção da ordem e o uso incessante da violência. O desrespeito aos direitos civis seria um sintoma que revela o grau de aceitação de uma polícia "dura" em várias camadas da vida social.

A tradição intelectual nacional consagrou uma interpretação do Brasil calcada na relevância do personalismo na nossa formação nacional. De Gilberto Freyre a Sérgio Buarque de Holanda, passando por Roberto DaMatta, os códigos sociais presentes na vida cotidiana brasileira foram pensados a partir de uma herança cultural que acentuaria o caráter afetivo das relações e diminuiria o peso das instituições como agências de regulação. O homem cordial, com seu traço predominante que é a emotividade, seria avesso à impessoalidade da burocracia estatal. Assim, a inoperância da polícia, a corrupção e a violência poderiam ser explicadas como resultantes desse código cultural.

Caldeira, porém, critica as teorias que almejam discutir a sociedade brasileira a partir de dicotomias que estabelecem dois "Brasis": um moderno, institucionalizado, urbano, e outro tradicional, informal e caipira. Caldeira ressalta as dificuldades que essas interpretações da vida social brasileira teriam para explicar o fenômeno da violência. Um exemplo seria a de Roberto DaMatta, que aponta para a dicotomia entre "casa" e "rua" como eixo básico da vida social brasileira. DaMatta sustenta que a casa no Brasil seria o espaço familiar da proteção, o que daria aos sujeitos um lugar social definido, enquanto a rua representaria o mundo das instituições, atravessado pela lógica do medo e do autoritarismo. Ao contrário dos países centrais, onde o espaço público seria igualitário e tido como esfera da lei impessoal, no Brasil a rua seria temida, já que o código cultural brasileiro valorizaria as hierarquias e rejeitaria os valores impessoais da democracia.

Caldeira critica DaMatta por não ter considerado a violência uma norma institucionalizada que opera inclusive na esfera doméstica, com a agressão às mulheres e crianças. Com isso, a casa nunca seria o espaço da proteção social e estaria sempre inscrita na instabilidade que preside as relações de dominação simbólica e física dos homens sobre as mulheres. Ao mesmo tempo, o elogio de DaMatta ao suposto espaço público igualitário, característico de sociedades modernas como os EUA e países da Europa, não elimina o componente das relações de desigualdade que se impõe por meio da etnia, classe e gênero.

Podemos citar também o estudo do sociólogo mineiro Leonardo Avritzer sobre democracia no Brasil. Em seu livro *A moralidade da democracia*, ele sustenta que a adesão da sociedade brasileira a práticas autoritárias evidenciaria a ausência de uma esfera pública baseada em valores democráticos. Ou seja, as instituições democráticas ainda careceriam de legitimidade cultural e valorativa, dificultando ainda mais a produção de uma agenda moderna de direitos civis e segurança pública.

O problema da violência relaciona-se a outro tema importante na agenda da cidadania: a questão urbana.

Um dos grandes temas discutidos hoje diz respeito ao "direito à cidade", expressão que traduz uma agenda de demandas e interesses incluindo itens como o uso do solo urbano, a questão habitacional, o transporte coletivo, a manutenção de espaços públicos, as favelas etc. Os conflitos que vemos hoje nas grandes cidades expressam a dificuldade de lidar com regiões densamente povoadas e marcadas por profundas desigualdades sociais.

Novamente, a Constituição de 1988 criou uma nova arena para essas discussões. Abriu-se a possibilidade de titulação urbana, instrumento que vem sendo timidamente usado para concretizar o direito à moradia e a legalização das habitações informais. O Estatuto das Cidades, aprovado em 2001, abre as portas para a possibilidade de incorporar ao regime jurídico legal os espaços nas favelas. Entretanto, enfrentam-se inúmeros problemas no que se refere ao esclarecimento da titularidade das áreas e à ausência de documentação. Além disso, a presença de grupos fortemente armados nessas áreas impõe sérios obstáculos à atuação regular do poder público, dificultando assim a incorporação das favelas no sistema de direitos e deveres instituído pela Carta de 1988. No Rio de

Janeiro, isso redundou no que o sociólogo Marcelo Burgos chamou de "territorialização da cidadania", isto é, a fragmentação da identidade cívica e a produção de direitos a partir de demandas espaciais específicas. Muitas vezes, lideranças políticas e parlamentares transformam essas áreas em territórios "particulares", fazendo a intermediação entre comunidades e Estado de forma particularista. Como se vê, a violência é ameaça concreta ao "direito à cidade", pois envolve restrições à livre expressão, a quebra do monopólio legal da violência e constrangimentos aos direitos políticos dos cidadãos.

Cidadania e justiça

Uma das grandes transformações produzidas pela Constituição de 1988 diz respeito ao novo papel atribuído ao Judiciário. Como vemos hoje no noticiário, há um protagonismo cada vez maior tanto do Supremo Tribunal Federal quanto do Ministério Público. Esse fenômeno foi caracterizado por sociólogos como Luís Werneck Vianna como uma "judicialização da política".

No Brasil, essa judicialização alimenta-se do horizonte de direitos aberto pela Carta de 1988, que não apenas fixou benefícios, mas também criou meios para a população obtê-los e demandá-los. Assim, por exemplo, o Ministério Público pode ser "provocado" por uma comunidade local por conta da ausência de creches e escolas públicas na sua região, o que motiva a abertura de uma ação que pode obrigar o poder público a cumprir o dispositivo constitucional referente ao "direito à educação". Vemos constantemente decisões judiciais que obrigam o Estado a prover doentes do SUS de remédios essenciais para seus tratamentos de saúde.

Ainda segundo Werneck Vianna, pode-se dizer que o marco constitucional consagra a ideia da sociedade como uma "comunidade de intérpretes", além de ratificar uma marca da modernização brasileira: a forte presença do público e seus intérpretes nas relações sociais, com a recusa de deixar o mundo econômico "solto", ao sabor dos livres interesses. Essa marca, consagrada em 1930, foi depois de 1988 incorporada, mas sem os traços nitidamente autoritários que caracterizavam o protagonismo do Estado nas décadas anteriores. Por exemplo, é frequente o uso de "ações civis públicas", instituições que permitem aos agentes da sociedade civil ter acesso ao Judiciário como forma de garantia de direitos.

Entretanto, alguns críticos não se mostram tão entusiastas da judicialização da política. Muitos acreditam que esse processo ameaça a soberania das instâncias legais de representação (como o Legislativo), além de dar excessivo poder de produção de direitos a agentes que não foram eleitos livremente. Outros, como o antropólogo Robert Kant de Lima, preferem argumentar que a justiça brasileira continua a exibir suas marcas de origem, em especial seu método "inquisitorial" de tratar os setores subalternos, o que contradiz a ideia de uma justiça igualitária. Segundo Kant de Lima, a justiça no Brasil não busca a resolução dos conflitos, e sim a extração da confissão e a punição estatal, reservada especialmente aos grupos tidos como "inferiores" na sociedade.

Capítulo 3

Cultura e sociedade

Objetivo

Quando pensamos em cultura, uma multiplicidade de significados vem à nossa mente: livros, erudição, costumes, espírito de um povo, caráter nacional e tradições, tudo isso parece estar de alguma maneira associado à ideia de cultura. De certo modo, todas essas noções do senso comum são derivações de alguma teoria clássica que se rotinizou na nossa compreensão, o que nos obriga à difícil tarefa de "limpar o terreno". Na sociologia, o que se quer dizer quando se fala em "cultura"? O objetivo desta seção do curso é apresentar algumas discussões clássicas e contemporâneas sobre esse tema, enfatizando as diferentes maneiras de tratá-lo e as possibilidades de discutir problemas brasileiros a partir de uma sociologia da cultura.

Inicialmente serão apresentadas algumas noções clássicas de cultura, originárias da antropologia, ciência social muito próxima da sociologia. Depois veremos como alguns sociologos clássicos explicam as crenças humanas e a dimensão simbólica de nossas existências. Em seguida exploraremos algumas perspectivas mais contemporâneas desse tema, o que nos possibilitará sugerir formas criativas de discutir tópicos como hábitos culturais, nacionalismo, identidades. Finalmente, abordaremos alguns aspectos da cultura no Brasil contemporâneo, destacando o potencial da sociologia para ajudar professores e alunos nessa empreitada.

Definindo a cultura: as origens

Em seu conhecido livro intitulado *O processo civilizador*, o sociólogo alemão Norbert Elias analisa as diferentes imagens nacionais construídas por franceses e alemães, relacionando-as à posição dos intelectuais nessas respectivas sociedades. Segundo Elias, a ideia de *civilization* era típica do mundo francês no século XVIII, representando uma forma cortês e polida de comportamento social que seria própria dos homens refinados. Assim, a civilização implicaria autocontrole, refinamento e contenção de impulsos, sendo resultado da disseminação de hábitos nobres numa sociedade em que os intelectuais e literatos encontravam espaço nos salões aristocráticos. Mas, na Alemanha, os estratos cultos burgueses elaboraram a ideia de *kultur* para traduzir a valorização da expressividade autêntica, não regulada por padrões de comportamento cortesãos. O afastamento desses grupos em relação aos salões da alta nobreza se traduzia intelectualmente na valorização de uma cultura de sentimentos que seria futuramente expressão de uma nação. Dessa oposição entre *civilization* e *kultur* podemos extrair elementos para iniciar nosso entendimento dos distintos significados de "cultura".

Na tradição alemã investigada por Elias, cultura veio a significar o espírito nacional de um povo. Para os pensadores românticos daquele país, como Johann Herder (1744-1803), a humanidade era marcada pela diversidade de formas de vida, e não por uma suposta universalidade abstrata. A cultura seria a expressão dessa diferença, traduzida em hábitos, tradições e folclore. Os intelectuais e literatos seriam os mediadores dessa construção, responsáveis pela coleta e interpretação dos sinais da cultura nacional, disponíveis nas diversas manifestações populares tradicionais. Essa versão alemã da ideia de cultura foi muito influente e ainda está viva em diversos debates e livros, mas não é a única existente.

Na antropologia, a ideia de cultura foi inicialmente concebida como um conjunto global de hábitos e costumes adquiridos que marcariam a humanidade. Para um evolucionista como Edward Tylor o estudo dos povos primitivos poderia revelar aspectos originários da cultura humana, já que a diversidade existente deveria ser encarada como parte integrante de uma escala civilizatória. Ou seja, é como se os povos ditos primitivos nos oferecessem sobrevivências culturais de uma suposta infância da humanidade, que em alguma medida seria comum a todos os grupos humanos. Mas foi nos Estados Unidos que se desenvolveu uma grande tradição de pensar a cultura como condição básica dos homens.

O antropólogo de origem alemã Franz Boas foi um dos responsáveis por essa visão, elegendo a diferença cultural como a principal variável que explicaria a diversidade humana. Crítico das teorias racialistas que grassavam no cenário intelectual e político da época, Boas também desconfiava das grandes sínteses evolucionistas que pensavam a cultura no singular. Propunha que os antropólogos fizessem estudos detalhados nos próprios lugares de vivência dos diferentes grupos humanos (a chamada "etnografia"), a fim de explicar a singularidade de cada cultura. Ao sustentar essa posição, Boas adotava também o relativismo cultural como método básico da antropologia, ou seja, o antropólogo deveria evitar utilizar seus próprios valores ao estudar detalhadamente outros povos, já que cada cultura representaria um trabalho espiritual singular e total, com seu critério valorativo próprio.

Como se percebe, Boas incorporou a clássica noção alemã que via a cultura como expressão da singularidade de um grupo humano e vestiu-a com a roupagem do relativismo. Essa produção intelectual logrou enorme receptividade ao longo do século XX, "vencendo" a batalha contra as teorias racialistas e deterministas. Ainda hoje, o relativismo cultural é uma das bases do discurso de boa parte dos cientistas sociais e mesmo de qualquer pessoa razoavelmente educada. Nos Estados Unidos, a concepção boasiana de cultura esteve na raiz da escola "cultura e personalidade", que marcou a antropologia cultural americana. Para os pensadores desse grupo, como Margaret Mead e Ruth Benedict, tratava-se de entender os processos pelos quais a cultura era realizada e vivenciada por diferentes indivíduos, o que tornava necessário estudar os processos de educação, socialização etc. Essa escola nutria grande apreço pelos estudos interdisciplinares e, em especial, pelas contribuições da psicanálise.

Na França, o estudo da cultura ficou marcado pelo estruturalismo de Claude Lévi-Strauss. Ao contrário do culturalismo americano, Lévi-Strauss concebia a cultura como uma dimensão da atividade cognitiva do homem que deveria ser estudada como um sistema de relações com propriedades universais. Ou seja, o antropólogo não deveria se contentar com a descrição da diversidade de práticas culturais, e sim investigar os invariantes universais que estruturavam a produção de códigos simbólicos e expressavam a unidade psíquica do homem. Como vemos, isso implica outra visão da "cultura", mais "mentalista" e cerebral.

De certa maneira, a discussão contemporânea sobre cultura nas ciências sociais vale-se de releituras críticas dessas tradições. Mas, antes de examinar o estado atual desse tema, vale a pena conhecer a discussão sobre cultura no âmbito da teoria sociológica. De posse dessa breve história da ideia de cultura na antropologia, já podemos navegar com mais segurança nesse assunto.

A sociologia clássica e a cultura

Na sociologia clássica, o trabalho de Émile Durkheim teve grande influência na formação de um programa de pesquisa sobre a cultura. Seu livro *As formas elementares da vida religiosa*, lançado em 1912, pretendia ser um estudo das categorias religiosas utilizadas por povos tidos como "primitivos". Ao estudar essas representações simbólicas traduzidas em totens e mitos, Durkheim as relacionou ao tipo de organização social dos grupos estudados, atribuindo às crenças coletivas importante papel na cristalização das categorias de pensamento. Ou seja, o sociólogo francês mostrou de que modo o que entendemos por "simbólico" está relacionado com a estrutura morfológica das sociedades, abrindo assim um vasto campo de estudo para os cientistas interessados numa explicação social da cultura. É comum alguns autores contemporâneos se referirem à escola sociológica francesa para designar essa tradição iniciada por Durkheim.

Numa outra vertente, a obra de Max Weber também legou importantes ferramentas teóricas para o estudo sociológico da cultura. Ao montar um gigantesco programa de pesquisa sobre as grandes religiões mundiais e seus impactos na conformação de diferentes civilizações globais, Weber evidenciou a força das ideias na vida social. Ao contrário da tradição do materialismo histórico, que via o mundo simbólico como uma esfera cujo nexo explicativo deveria ser buscado na vida material das sociedades, o sociólogo alemão alertava para a necessidade de entender a dinâmica de sentido das ideias e crenças humanas. Ou seja, Weber conferia grande poder explicativo à dimensão simbólica da ação humana, evidenciando como os discursos religiosos poderiam criar grandes eixos que conformavam as práticas sociais em várias sociedades.

O que a sociologia clássica nos ensinou sobre os fenômenos culturais? Em primeiro lugar, que é possível estudá-los de forma objetiva, evidenciando suas conexões com fenômenos externos ao mundo simbólico, tais como a estrutura material de uma sociedade, a forma de organização dos grupos sociais e suas formas de relacionamento. Em geral, costuma-se nomear esse tipo de abordagem como "externalista", por preocupar-se principalmente com fatores e variáveis "externos" aos conteúdos culturais analisados. Mas a sociologia também nos ensinou a tratar adequadamente as ideias, os símbolos e seus conteúdos específicos, pois eles teriam profunda influência nos modos de conduta dos homens. Assim, ao estudarmos crenças religiosas, discursos, relatos orais e textos, devemos atentar para o jogo dos significados, os sentidos implícitos, os diálogos com outras formas culturais etc. Em geral, abordagens que privilegiam esse foco são tidas como "internalistas".

Como se vê, o grande desafio da sociologia da cultura é relacionar aspectos externalistas e internalistas na sua abordagem dos fenômenos culturais. Vejamos agora como outros sociólogos buscaram desenvolver novos métodos e teorias para dar conta desse dilema.

Outras abordagens sociológicas da cultura

Voltemos agora ao livro *O processo civilizador*, do alemão Norbert Elias. Nesse livro, Elias estudava a relação entre os processos de construção do Estado na Europa e a disseminação de novas formas de conduta, baseadas no autocontrole, no refinamento de costumes e na internalização de padrões mais rigorosos de decoro. Ou seja, Elias mostrava como essas transformações na sociabilidade produziam uma pacificação da vida civil e permitiam a formação de redes sociais propícias para a sociedade de corte que caracterizou o processo de centralização política. O que a obra de Elias nos ensinou sobre a cultura?

Em primeiro lugar, *O processo civilizador* impressionou a todos pelo uso criativo de fontes. Manuais de etiqueta, livros de educação de crianças, tudo isso foi utilizado por Elias para rastrear formas de sociabilidade e transformação dos hábitos dos homens. Como se percebe, o que chamamos de "cultura" pode estar traduzido das mais diversas formas em diferentes materiais humanos. Finalmente, a obra de Elias também mostrou que assuntos tidos como "menores" poderiam ter grande força explicativa em outras esferas da conduta humana, como a política e a formação de Estados. Essa lição continua a ser explorada até hoje por numerosos cientistas sociais e transformou a sociabilidade num tema de grande importância.

Mas Norbert Elias também escreveu outros livros. Em *Mozart: sociologia de um gênio*, ele buscou relacionar as inovações harmônicas e estéticas produzidas por esse grande compositor às experiências sociais de um homem que vivia num mundo em transição. Assim, Elias evidenciou que a arte — mesmo a produzida por um gênio inigualável — poderia ser explicada em função de dinâmicas familiares, de redes de proteção política e da própria conformação de um emergente mercado burguês de consumo musical. O sociólogo mostrou como essas diferentes experiências marcaram a construção da subjetividade de Mozart e o levaram a novos modos de comunicação estética. Como se vê, Elias procurava dar conta tanto da análise "interna" da obra — analisando as inovações estruturais das composições de Mozart — quanto de uma análise externa — enfocando as diferentes redes que informavam as experiências do compositor.

Outro grande estudioso da sociologia da cultura foi o francês Pierre Bourdieu (1930-2002). Autor de inúmeras obras dedicadas ao tema, Bourdieu consolidou um paradigma teórico de grande repercussão nas ciências sociais. No seu livro *As regras da arte*, dedicado ao escritor Gustave Flaubert e ao universo literário francês da segunda metade do século XIX, Bourdieu combina uma rigorosa análise interna do livro *Educação sentimental* (trama, personagens, cenários, ação etc.) com um mapeamento do universo social em que se movia o escritor Flaubert. Para articular esses dois níveis de análise, cunhou o conceito de "campo", que descreve a dinâmica de funcionamento do mundo da literatura, as relações de força aí existentes, as posições possíveis (crítico, público, escritor "genial", *outsider* etc.) e os bens simbólicos que são objeto de desejo nesse universo específico (como o prestígio e o reconhecimento crítico, por exemplo). Assim, Bourdieu não apenas investigou a dinâmica social do campo literário francês na época em que Flaubert escrevia, como também mostrou como essa dinâmica era traduzida num projeto literário específico, marcado pelo culto à forma estética pura. Ou seja, o sociólogo francês argumentava que um escritor produz uma obra a partir dos conflitos, tensões e alianças nas quais se enreda ao longo de sua trajetória no mundo da literatura. Como se percebe, assim como Elias, Bourdieu estava tentando articular abordagens externalistas com procedimentos internos de compreensão dos bens culturais.

Mas foi seu livro *A distinção: crítica social do julgamento* que conheceu grande repercussão, ao propor um novo tratamento para a avaliação da cultura. Ao contrário do que reza o senso comum, Bourdieu provou que era possível, sim, discutir o gosto e usar instrumentos sociológicos para decifrar por que determinadas classes sociais consumiam certos bens culturais. Nesse livro, o sociólogo francês combinava diversos métodos de pesquisa (estatísticas, entrevistas, questionários) para mostrar que havia uma coerência entre as escolhas estéticas de uma classe, o que possibilitava analisar as raízes dessa escolha. Isto é, dada uma certa posição no espaço social (por exemplo, ser jovem, bem-educado, ter estudado numa escola de elite etc.), era possível prever um padrão de consumo de bens (tipos de filmes, música e valores que compõem o "bom gosto"). Bourdieu acreditava que isso poderia ser explicado pelo conceito de *habitus*, que traduz uma forma específica de conduta prática aprendida desde a infância por meio da família, da escolarização etc. Ou seja, dado determinado *habitus* interiorizado pelo sujeito, seria possível entender suas escolhas e preferências. Como se vê, Bourdieu acreditava firmemente na compreensão racional da relação dos homens com o que se convencionou chamar de "cultura".

O que a sociologia da cultura nos ensinou sobre esse fenômeno tão diversificado? Em primeiro lugar, que é possível entender os produtos simbólicos da imaginação humana, como livros e músicas, a partir da experiência social concreta de seus produtores (músicos, escritores etc.). Também nos mostrou que essa experiência não é livre, e sim condicionada pela relação do produtor cultural com outros criadores, com críticos, com sua família e demais personagens com os quais interagia na sociedade. Essas duas ideias são úteis para desmitificarmos ideias preconcebidas sobre cultura e seus produtores. Em geral, acreditamos que "arte" é uma palavra sublime que traduz sentimentos puramente nobres e estéticos, e que os artistas são personagens descompromissados, movidos pela criatividade e pela genialidade singular. A sociologia da cultura nos mostra que é possível não apenas interpretar uma obra, mas também explicá-la em função de dinâmicas sociais. Isso não significa que a cultura seja uma esfera movida pelo puro interesse, e sim que é uma atividade humana como outras.

Mas seria a cultura representada apenas pelo conjunto de bens tidos como eruditos, tais como sinfonias e grandes obras literárias? Graças ao auxílio da antropologia, já sabemos que não. Trata-se agora de estudar as concepções mais recentes a respeito da cultura e analisar seu potencial para a compreensão de temas e questões do nosso universo social.

Cultura: discussões recentes

Em 1973, o antropólogo Clifford Geertz lançou um livro intitulado *A interpretação das culturas*. A partir de uma releitura da tradição interpretativa característica da sociologia weberiana, Geertz buscava formular uma noção mais sofisticada da "cultura". Segundo ele, o antropólogo deveria vislumbrar no seu ofício de pesquisa de campo os significados simbólicos que estruturavam e hierarquizavam as práticas sociais, entendendo a cultura como uma espécie de "texto" que conferia significado aos eventos e fatos. Na perspectiva do antropólogo norte-americano, a cultura deixava de ser vista como uma espécie de "todo orgânico", força coesa e objetiva que moldava indivíduos, e passava a ser estudada como um discurso nativo permeado de meandros, elipses e lapsos.

Segundo Geertz, o cientista social deveria estudar esse discurso a partir de uma descrição densa, preocupada em fixar a trama do discurso nativo, seus significados e sua expressividade. Ou seja, a etnografia seria, na verdade, uma interpretação de segunda ou terceira mão, já que usaria como material de análise uma primeira versão, um discurso originário produzido pelos "nativos". Como se vê, Geertz qualificava a cultura como um discurso, um artefato com propriedades textuais, afastando-se da ideia clássica que via o "cultural" como uma espécie de entidade coletiva e estruturada, fato social externo aos homens.

A perspectiva de Geertz com relação à cultura ensejou uma série de pesquisas e estudos, além de repercutir em outros campos das ciências sociais, como a historiografia, a sociologia e a teoria literária. Em livro intitulado *A nova história cultural*, organizado por Lynn Hunt, há numerosos artigos que evidenciam a força dessa nova visão do fenômeno cultural. Para os historiadores, ela permitia usar diversos materiais e fontes de pesquisa que evidenciavam discursos, modos de representação e formas de "expressar" e conferir significados às ações pretéritas de grupos sociais, camponeses etc. Por exemplo, seria possível agora escrever a história cultural dos esportes, a história cultural das práticas alimentares, e assim por diante. Bastava, para tanto, entender os discursos e significados que estruturavam essas práticas. Com a contribuição de Geertz, a "cultura" se disseminou pelos diversos espectros da vida social.

No campo da sociologia, o norte-americano Jeffrey Alexander foi um dos que exploraram os novos campos abertos por Geertz. Imbuído da ideia da cultura como uma esfera textual, nexo intrincado de significados e sentidos, Alexander propôs o conceito de uma "sociologia cultural", em contraposição à clássica noção de "sociologia da cultura". Enquanto esta trataria a "cultura" como uma esfera singular da vida social, a ser explicada por outros fatores, tais como economia ou política, aquela veria a cultura permeando todas as dimensões das relações humanas, operando como rede de sentidos que teria grande impacto na formação de práticas econômicas, políticas etc. A visão de Alexander é interessante porque nos permite considerar a cultura como uma rede simbólica que opera das mais diversas formas nos diversos ramos da vida social.

Ainda no campo da sociologia contemporânea, Ann Swindler vem sugerindo caminhos interessantes para o estudo da cultura. Ao sugerir que tratemos "cultura" como uma espécie de repertório ou caixa de ferramentas, Swindler está mostrando que as ideias, os valores e as normas não são forças objetivas que os indivíduos internalizam, e sim recursos que podem ser usados de forma estratégica pelas pessoas. Por exemplo, ao analisar a cultura romântica do casamento moderno nos Estados Unidos, ela mostra que os indivíduos elaboram diferentes formas de engajamento com esses valores, variando num amplo gradiente entre a adesão e o cinismo. Assim, cultura é um recurso usado pelas pessoas a partir de diferentes contextos e situações.

Finalmente, há pesquisadores que questionam as práticas textuais que produzem o conceito de cultura. Para alguns teóricos contemporâneos, como James Clifford e George Marcus, a prática de observar, descrever e classificar costumes, hábitos e modos de vida de um "outro" implica uma estratégia discursiva que produz uma identidade fixa e estável. Ou seja, "cultura" pode significar apenas um conceito totalizador que engloba múltiplas práticas e diferentes estratégias de ação num todo supostamente coerente e homogêneo. Para esses pensadores, cultura vem a ser o resultado de uma forma de escrita — a etnografia — que se constrói como uma ficção sobre o "outro", a partir de um olhar "legítimo" e "autorizado". Essas críticas são interessantes porque nos ajudam a desconstruir concepções que alimentamos na nossa vida cotidiana e que costumam atribuir quaisquer práticas ou discursos de outros ao domínio de uma "cultura" frouxamente definida.

Em outra perspectiva, o francês Bruno Latour mostra como a separação entre natureza e cultura tinha como pressuposto uma visão objetivista do mundo natural, como se este fosse apenas o cenário de coisas que são livremente manipuladas pelo homem. Com isso, Latour abre as portas para um questionamento do próprio poder de agência humana normalmente associado à produção de significados culturais. Em vez de sujeitos, suas culturas e a natureza, podemos ver redes que envolvem coisas, situações e humanos.

Podemos nos perguntar se a ideia clássica de cultura não nos leva a uma busca enganosa de alguma "identidade essencial" de grupos que nada têm de homogêneos. Na próxima seção tornaremos a discutir esse ponto, quando nos ocuparmos de alguns temas clássicos na sociologia da cultura.

Alguns temas clássicos e contemporâneos na sociologia da cultura

Tendo mapeado o lugar da cultura na sociologia e na antropologia, podemos agora entender melhor algumas discussões que ainda afligem cientistas sociais ao redor do mundo, em especial no Brasil. Trataremos brevemente dos seguintes temas: identidade e cultura; nação, nacionalismo e cultura; cultura de massa e indústria cultural; multiculturalismo. O objetivo desta seção é mostrar como "cultura" pode significar um espectro amplo de práticas sociais e políticas. No decorrer dessa apresentação, veremos também alguns outros autores e teorias.

Identidade e cultura

Que é a "identidade"? Em geral, usamos essa palavra para descrever a subjetividade ou a singularidade de cada pessoa, o conjunto coerente de emoções, motivos, opções e práticas que traduzem o que cada um é. Do mesmo modo, quando falamos em identidade cultural, estamos pensando numa ideia de tradição que seria a expressão autêntica dos costumes, hábitos e valores de um povo ou um grupo social. Mas será que a discussão é tão simples assim?

Em um conhecido livro intitulado *A identidade cultural na pós-modernidade*, o estudioso inglês Stuart Hall traça uma breve história do conceito de identidade no pensamento ocidental, mostrando como este passou por uma série de alterações. Se antes a identidade era pensada numa perspectiva cartesiana, que via a subjetividade humana como emanação da racionalidade individual, depois das descobertas da sociologia, da psicanálise e da própria filosofia, essa visão foi profundamente alterada. Afinal, os sociólogos clássicos já mostravam que o indivíduo não é "senhor de si", mas constituído socialmente em variados processos de interação e socialização. Além disso, desde a ruptura promovida pela obra de Sigmund Freud, já pudemos entender as dimensões não conscientes que marcam a construção da individualidade dos homens. Mais recentemente, inúmeros pesquisadores e filósofos ressaltaram o papel da linguagem na produção da identidade, enfatizando que esta seria menos uma expressão de algo interno de cada um e mais um sistema de classificações e signos mobilizados por pessoas em posição de poder, que podem rotular outras.

Qual o impacto de todas essas mudanças intelectuais na nossa tradicional concepção de identidade e, mais especificamente, no entendimento da identidade cultural? Em primeiro lugar, essas novas formulações indicam que o sujeito foi descentrado, isto é, passou-se a ver o indivíduo como uma construção de que participam agências sociais (como escola, família etc.), outros indivíduos que com ele interagem e discursos que traduzem imagens simbólicas das pessoas (por exemplo, estereótipos veiculados pela mídia sobre negros, indígenas etc.). De modo geral, abandonou-se a ideia de que nossa subjetividade é uma simples autoconstrução, movida pela razão e pelos nossos sentimentos íntimos.

Ora, como podemos pensar a identidade cultural nessa nova chave? Inicialmente, devemos desconfiar de visões que afirmam de forma muito essencialista as identidades culturais de um dado grupo. Ou seja, deve-se questionar a ideia de que os bens culturais de uma comunidade são resultado de uma tradição autêntica ou de um espírito coletivo intocado. Em muitos casos, essas tradições são inventadas ou mesmo resultantes de construções discursivas que envolvem outros agentes além da comunidade. Por exemplo, o que representa "ser índio" no Brasil hoje? Para início de conversa, essa visão do índio como um ser genérico é característica das instituições estatais que eram responsáveis pela "proteção" desses povos, muitas vezes distintos e inimigos entre si. Quando vemos hoje um índio vestindo bermudas, boné e camiseta de time de futebol, é fácil acusá-lo de ter "abandonado" sua identidade cultural. Esquecemo-nos, porém, que essa identidade cultural não é uma essência pura, que deve ser supostamente "preservada", e sim um modo de se construir socialmente. Assim, seria melhor vermos a identidade cultural indígena como um conceito em disputa, sujeito a interações com outros grupos sociais e à própria interpretação feita pelos povos indígenas contemporâneos sobre suas origens e suas estratégias políticas.

Cultura, nacionalismo e identidade nacional

Assim como a nossa concepção da identidade cultural passou por muitas transformações, o mesmo aconteceu com a nossa visão da nação. Afinal, qual a relação entre o Estado-nação e a identidade nacional de um "povo"? Será possível afirmar que cada país existente hoje no mundo traduz um espírito coletivo particular e homogêneo?

Em um livro clássico sobre o tema, intitulado *Comunidades imaginadas*, o cientista social Benedict Anderson desmontou uma série de pré-concepções acerca do significado do nacionalismo no mundo moderno. Anderson argumentou que as nações são "comunidades imaginadas", ou seja, artefatos políticos que pressupõem a formação de uma língua nacional comum e de um imaginário histórico específico. Além disso, só teria sido possível "imaginar" a pertença dos homens a uma comunidade que transcendia seus locais de vida particulares depois de uma série de transformações estruturais, exemplificadas pelo surgimento da imprensa de massa nas sociedades capitalistas. Por exemplo, como produzir num espaço territorial tão grande como o do Brasil o sentimento comum de que todos habitam uma mesma nação? A disseminação de notícias comuns e imagens homogêneas teria permitido aos homens e mulheres do norte ao sul do país sentirem que vivem dentro de um mesmo tempo histórico e que compartilham um mesmo universo de significados. Como se vê, a nação é tudo, menos uma simples emanação do espírito coletivo de um grupo. Além disso, há um imenso e incessante trabalho de seleção que classifica fatos históricos como "origens" da nacionalidade e elimina outros como "distúrbios" ou anomalias. Por exemplo, é comum classificarmos as revoltas ocorridas em Pernambuco em 1817 como "separatistas", esquecendo-nos de que nem havia um Estado independente propriamente constituído. Muitas vezes, achamos que o Brasil de hoje é mera consequência natural de um processo que se iniciou em 1500, esquecendo-nos das disputas de fronteiras, da conquista de territórios estrangeiros e da própria fabricação de uma suposta identidade que permaneceria até hoje.

O pensador inglês Eric Hobsbawm escreveu, juntamente com o historiador Terence Ranger, um famoso livro intitulado *A invenção das tradições*, no qual argumentam que as tradições culturais são, em boa medida, fabricações históricas. Isto é, quando identificamos certos sinais ou bens culturais a certos povos (o *kilt* aos escoceses, por exemplo), estamos assumindo como natural uma relação que foi alvo de disputas entre elites, intelectuais, escritores e demais interessados em "pensar" um país. Por exemplo, por que o samba é tido como um símbolo da identidade brasileira, e outras manifestações musicais não o são? Por que associamos o "brasileiro típico" a um conjunto de características, como o bom humor, o jeitinho, a informalidade e a criatividade? Essas qualidades são naturais em nós ou são também produções de livros, músicas e filmes que consagram certa visão do que aceitamos como legitimamente brasileiro? São essas questões que devem despertar a atenção do sociólogo e do professor de sociologia quando for discutir esses temas com alunos e colegas.

Cultura de massa, cultura popular e indústria cultural

Quando falamos de cultura, uma primeira divisão que sempre nos vem à mente é aquela entre "cultura popular" e "cultura erudita". Supostamente, a primeira seria o que entendemos por folclore, enquanto a segunda traduziria o repertório de grandes bens culturais universais, como a música de Beethoven, os livros de Tolstoi ou as pinturas de Van Gogh. Alguns falam também em "cultura de massa" para tentar entender a música pop, o cinema de Hollywood, as revistas em quadrinhos e demais bens culturais que são produzidos em larga escala e vendidos como mercadorias. Mas será que a coisa é tão simples assim? O que a sociologia e as ciências sociais podem nos ensinar sobre essas classificações?

Uma das primeiras grandes tentativas de pensar as relações entre cultura e sociedade de massas foi produzida pela chamada escola de Frankfurt. Um dos mais famosos pensadores desse grupo, Theodor Adorno, escreveu muito sobre a indústria cultural em seus textos e livros, nos quais argumentava que o advento do capitalismo monopolista — baseado na grande indústria, na concentração de propriedade e na formação de vastos conglomerados econômicos — implicou a transformação da produção cultural numa espécie de mercadoria produzida em larga escala. Isso significava que o conteúdo único de cada criação era descartado em função da padronização e da repetição de certas formas e clichês que produziam um consumo rápido e fácil. Adorno acreditava que a grande cultura tinha por objetivo despertar uma consciência crítica no indivíduo, possibilitando uma atitude de não aceitação do mundo que o cercava. Já os produtos da indústria cultural eram mercadorias destinadas à simples fruição, cujo consumo não implicava o desenvolvimento de uma visão crítica a respeito do mundo em que foram produzidas.

Mas seria essa a única forma de compreender a chamada cultura "de massas"? Na Inglaterra, um grupo constituído no Centro para Estudos Culturais Contemporâneos, na Universidade de Birmingham, desenvolveu novas visões desse tema ao longo dos anos 1970 e 1980. Inicialmente, os pesquisadores desse grupo dedicavam-se a fazer análises críticas dos produtos de massa (como novelas, filmes comerciais etc.) em busca de ideologias dominantes que estariam aí implícitas ou ocultas pela forma "fácil" que revestia esses objetos. Posteriormente, eles descartaram a visão simplista que enxergava o consumo de massa como passivo e alienado, atentando para as diversas formas que o público empregava para ler, consumir e usar filmes, novelas, comerciais etc. Como se percebe, esses intelectuais viam esses produtos como "textos" a serem interpretados e decodificados. Stuart Hall, por exemplo, dizia que era importante estudar as diversas formas pelas quais o consumidor lia esses textos: ele poderia simplesmente aceitar as premissas do discurso político contido numa novela, ou poderia também negá-lo, desacreditá-lo. A importância dos estudos culturais britânicos está no deslocamento do foco de pesquisa da *produção* para o *consumo* cultural, o que evidencia a capacidade do público de desenvolver diferentes estratégias para lidar com os bens produzidos pela indústria cultural.

Mas e a cultura popular? O que a sociologia teria a dizer sobre ela? Em primeiro lugar, as modernas teorias sobre o tema mostram que é ilusão acreditar numa suposta pureza ou autenticidade que seriam características da produção cultural feita pelo povo. Afinal, poderíamos perguntar o que vem a ser exatamente "povo": homens simples? Sertanejos, pobres? Todas essas são classificações questionáveis, muitas vezes construídas não pelos próprios "populares", mas por intelectuais e pensadores que falam sobre o mundo popular. Essa é outra dimensão relevante que a sociologia revelou: a importância dos mediadores na definição do que seja a cultura popular. Por exemplo, a ideia de que o samba seria a "música popular brasileira" foi resultado de um processo histórico envolvendo sambistas e intelectuais eruditos interessados em fixar os elementos mais característicos da cultura nacional. Com isso não se pretende dizer que a cultura popular seja uma simples invenção, e sim que devemos evitar ingenuidades no trato dessas questões.

A própria história que cerca a ideia de cultura popular é evidência disso. Afinal, foi no período romântico alemão (virada do século XVIII para o XIX) que o conjunto de lendas, tradições e costumes tradicionais passou a ser positivamente valorizado como algo que deveria ser coletado, catalogado e preservado. E nesse processo foi fundamental a participação de escritores e pensadores como Johann Herder. Sem eles não haveria a própria reflexão em torno do que seja "cultura popular".

O sociólogo paulista Renato Ortiz é um dos grandes estudiosos dessa questão no Brasil. Nos seus livros, ele mostra como nos anos 1950 e 1960 os intelectuais brasileiros estavam obcecados com a ideia de "descobrir" a "verdadeira" cultura brasileira, que seria uma emanação da nossa identidade autêntica e não colonizada. Ortiz mostra que essa busca, na verdade, não revelava uma pureza intocável, mas ajudava a fabricar a própria tradição que se acreditava estar descobrindo. Os intelectuais desempenharam notável papel nesse processo, articulando objetos tidos como regionais ao projeto nacional encarnado no Estado. Ao longo dos anos 1970 e 1980 foi possível notar como um veículo típico da cultura de massas — a televisão — logrou trabalhar com elementos e registros normalmente associados à cultura popular. Por exemplo, a Rede Globo produziu inúmeras novelas e séries que retratavam personagens "tipicamente brasileiros", além de adaptar novelas de Jorge Amado que supostamente representavam o país mais autêntico. Seriam as novelas hoje uma nova tradição popular?

Com o advento da globalização, percebemos um movimento geral de busca das raízes, como numa estratégia de defesa diante da ameaça de homogeneidade social. Entretanto, estudos recentes mostram que esse processo não é uma via de mão única, mas uma complexa interação em que diferentes aspectos culturais são disseminados pelo planeta. O mesmo Renato Ortiz escreveu em outros livros sobre a cultura internacional popular, que vem a ser o imenso repertório global produzido pelo processo de mundialização da cultura. Ou seja, é possível percebermos a formação de um imaginário pop, partilhado por jovens brasileiros, americanos e iranianos, que lida com diversos objetos e referências que são, na verdade, "desterritorializados". Por exemplo, os filmes de faroeste, originalmente uma típica narrativa norte-americana, foram progressivamente incorporados por diversos cineastas ao redor do mundo e ressignificados. O que era um elemento típico da "cultura popular americana" torna-se uma mitologia heroica global, transformando-se num signo que faz sentido para os homens ao redor do mundo. Do mesmo modo, os filmes do cineasta americano Quentin Tarantino usam diversos símbolos da cultura popular de outros países, como as lutas marciais inverossímeis da filmografia de Hong Kong.

É claro que ainda há relações assimétricas entre países, o que torna o fluxo cultural global muito desigual. Mas, ainda assim, é importante notar que a mundialização não implica necessariamente a morte da cultura popular. Se entendermos que essa cultura nunca foi algo puro ou intocado, torna-se mais fácil compreender as negociações e disputas que envolvem a descrição do que seja um bem cultural "popular" no mundo contemporâneo.

Multiculturalismo

Que vem a ser o multiculturalismo? *Grosso modo*, essa palavra diz respeito a um conjunto de teorias e discursos político-culturais que enfatizam a existência de uma diversidade de identidades e modos de vida particulares numa sociedade, e que avaliam esse fato de maneira positiva. Trata-se de afirmar que a pertença a uma comunidade cultural específica é fundamental para a autoestima das pessoas, bem como de valorizar o reconhecimento disso pelo Estado e pela sociedade. Como se percebe, a perspectiva multiculturalista se opõe à tradicional concepção que via os Estados-nações como expressões políticas de uma comunidade nacional homogênea e integrada, baseada numa concepção abstrata e universalista do cidadão. De modo geral, essa perspectiva também implica uma postura política que busca dar voz a minorias e grupos étnicos que supostamente teriam sido silenciados nos processos de construção nacional.

Para os autores que adotam essa linha de pensamento, a realidade multicultural das sociedades contemporâneas nos obrigaria a adotar uma postura crítica do liberalismo universalista que está na raiz das modernas democracias. Isto é, em vez de relacionar as leis e os direitos ao conjunto da sociedade, tomando os indivíduos como cidadãos iguais e homogêneos, a política do reconhecimento veiculada pelos multiculturalistas sugere que certos grupos específicos deveriam ter sua identidade comunitária legalmente reconhecida. Ou seja, a visão multicultural da justiça reconhece a necessidade de a legislação atribuir direitos a grupos particulares, rompendo com a concepção liberal tradicional que rejeita o ativismo do Estado em questões referentes a estilos de vida e preferências culturais e só concebe o cidadão individual como depositário de direitos. Um exemplo dessa disputa está no Canadá, onde a região francófona de Quebec luta pela preservação de sua identidade cultural particular e busca produzir uma legislação específica que reconheça a particularidade de sua comunidade. Na França contemporânea, a legislação — fortemente igualitária e republicana — proíbe o uso de sinais religiosos nas escolas públicas, e isso desagrada aos imigrantes muçulmanos que postulam a legitimidade de sua confissão religiosa, a qual, para alguns, ordena o uso do véu para mulheres. O exemplo francês ilustra de forma precisa os dilemas entre universalismo e particularismo que estão no coração das disputas envolvendo o multiculturalismo.

Quais são os argumentos mais comumente utilizados nessas disputas? Os liberais universalistas argumentam que não faz sentido produzir legislação para grupos específicos, sejam eles minorias étnicas ou religiosas, já que isso romperia a condição igualitária que marca as democracias. Além disso, quais os critérios para averiguar que culturas devem ou não ser "preservadas"? Seria atribuição do Estado legislar sobre estilos de vida e preferências? Também argumentam que esse ativismo criaria efeitos não desejados, como a criação de grupos privilegiados não por seus méritos, mas apenas por sua origem ou condição étnica. Por sua vez, os adeptos da política do reconhecimento argumentam que a igualdade das democracias modernas seria falsa, na medida em que o modelo do cidadão nunca foi neutro, mas sempre marcado pelas características dos grupos socialmente dominantes. Em geral, o modelo de cidadania teria sido o homem branco de classe média, excluindo-se das representações hegemônicas as mulheres e os negros, ou mesmo os indígenas. Assim, argumentam que o universalismo sempre teria mascarado a hegemonia de alguns grupos sobre outros, o que demandaria a produção de direitos específicos para certas coletividades. Além disso, alegam que o individualismo liberal ignora o fato de as pessoas nascerem dentro de um ambiente cultural específico, que produz parâmetros morais e estéticos particulares. Assim, não faria sentido ignorar a existência de diferentes comunidades e suas distintas hierarquias de valores.

No Brasil, o multiculturalismo já foi até adotado como parte do discurso oficial — que valoriza a diversidade de culturas que teriam produzido o país —, mas ainda provoca muitas polêmicas na esfera pública. Por exemplo, a discussão sobre cotas raciais invariavelmente traz à tona argumentos a respeito da necessidade de se preservar a identidade "afro-brasileira", o que suscita críticas por parte dos adeptos de políticas universalistas. Para estes, o reconhecimento das demandas de grupos particulares por tratamento diferenciado implicaria o fracionamento do país e o abandono da convivência democrática. Para os que defendem uma abordagem multicultural, o reconhecimento da identidade negra brasileira serviria para romper com o falso discurso da mestiçagem, que operaria como um discurso hegemônico que discriminaria o universo afro-brasileiro. Como se vê, muitas são as polêmicas que cercam o debate multiculturalista.

Cultura brasileira: democracia, multiculturalismo, identidade e patrimônio

Depois de tudo que vimos, como é possível analisar a "cultura brasileira" e entender suas transformações na vida contemporânea? Aliás, será possível falar de *uma* cultura brasileira? Nos próximos parágrafos discutiremos brevemente alguns aspectos contemporâneos desse tema, levando em conta o que foi aprendido anteriormente.

Democracia e identidade nacional

A Constituição de 1988 trouxe novos parâmetros para as políticas públicas que envolvem a cultura. Em primeiro lugar, o próprio advento do regime democrático abriu a possibilidade de que a discussão cultural não seja apenas uma atribuição de intelectuais, especialistas e formuladores de políticas públicas. Desde então, numerosos grupos e comunidades buscaram valorizar suas expressões artísticas e identitárias e fazer valer suas demandas de forma autônoma. Isso implicou, muitas vezes, uma disputa em torno do significado da identidade brasileira.

A identidade nacional brasileira foi construída em torno de uma narrativa que enfatizava a contribuição de três culturas — negros, brancos e indígenas — que teriam se amalgamado pela mestiçagem. Para alguns fabuladores dessa identidade, como o pensador pernambucano Gilberto Freyre, o Brasil, ao contrário de sociedades europeias, não teria nem um povo culturalmente homogêneo, nem um mosaico de identidades étnicas rigidamente demarcadas. Seríamos, portanto, novos e mestiços. Depois de 1988, ampliaram-se as críticas a essa narrativa, bem como as reinterpretações. Os povos indígenas, por exemplo, questionaram o quanto esse discurso escamoteou suas culturas particulares, além de tratá-los de forma genérica como "índios". Os enfrentamentos com a polícia, quando das comemorações dos 500 anos do descobrimento em Porto Seguro, são prova dessa tensão. O próprio movimento negro abriu-se desde os anos 1990 para uma discussão mais intensa da relação entre identidade afro-brasileira e seu lugar na cultura nacional, buscando afirmar de forma mais clara sua própria versão sobre o tema. O próprio termo "afro-brasileiro" denota essa tentativa de marcar uma inscrição particularista que desafia as noções clássicas de identidade nacional.

Como se vê, assiste-se hoje a uma intensa discussão envolvendo a própria definição do que seja a identidade brasileira e seus sentidos culturais. Será possível afirmar uma realidade multicultural em que não haja necessariamente um elemento único a sintetizar as identidades particulares? Será o multiculturalismo incompatível com a identidade nacional brasileira? Essas são questões que devem ser trabalhadas por qualquer profissional das ciências sociais no Brasil contemporâneo.

Para os que olham apenas para as últimas décadas, parece que o Brasil sempre teve uma identidade monolítica, que só agora estaria sendo questionada. Na verdade, é possível afirmar que esse sempre foi um tema clássico no pensamento brasileiro, ocupando lugar central em textos e obras clássicas de escritores, ensaístas e músicos. Na década de 1920, a discussão sobre a relação entre identidade brasileira, tradição e modernidade foi fundamental para o movimento modernista. No seu manifesto da antropofagia, o poeta paulista Oswald de Andrade afirmou que a marca da cultura brasileira seria a capacidade de deglutir informações externas e reprocessá-las de forma criativa. Ou seja, o Brasil seria ao mesmo tempo selvagem e moderno, sertão e cidade, mata e máquina. Em lugar de uma identidade nacional ancorada numa cultura tradicional e antiga, Oswald retratou um país capaz de se reinventar continuamente por intermédio de uma relação canibalesca com o resto do mundo.

Pode-se dizer que a antropofagia marcou a cultura brasileira ao longo do século XX. O tropicalismo, por exemplo, foi um movimento musical que enfatizava a necessidade de a música brasileira apropriar-se de elementos da cultura pop como forma de reatualizar o diálogo com a tradição anterior. Isto é, tratava-se de evitar uma posição purista, que opunha música brasileira e *rock*, autenticidade e cultura de massa, MPB e brega. As letras e músicas de Caetano Veloso, Gilberto Gil, Tom Zé e outros evidenciavam a possibilidade de se usar a linguagem do samba para incorporar referências dos Beatles, de Roberto Carlos e de outros artistas tidos como "imperialistas" ou alienados. Vê-se aí a marca da antropofagia.

Mais recentemente, o chamado movimento mangue *beat*, surgido em Pernambuco na década de 1990 e composto por artistas como Chico Science, Nação Zumbi, Fred 04 e outros, veio atualizar essa posição. Esses personagens reliam a tradição popular pernambucana, representada pelos maracatus rurais, violeiros, músicas de cordel etc., por intermédio de uma linguagem urbana e pop, apoiada por guitarras, distorções e demais elementos vinculados ao rock. A despeito da polêmica despertada — em especial com Ariano Suassuna, famoso escritor e um dos nomes do Movimento Armorial, que buscava construir uma música erudita a partir da pesquisa no mundo popular —, o mangue *beat* mostrou a atualidade do modo de pensar antropofágico como forma de falar sobre o Brasil e sua cultura. Isso nos remete à seguinte pergunta: será que o Brasil foi multicultural antes que essa palavra existisse?

Cultura e patrimônio

Que é o patrimônio cultural de um país? Até recentemente, essa pergunta era fácil de ser respondida, pois nossa ideia de patrimônio nos levava a pensar em prédios históricos, arquitetura, cidades coloniais etc. No mundo ocidental, o patrimônio tem a função de representar, em termos simbólicos, a memória de uma nacionalidade, ato realizado por intermédio da pesquisa e coleção de objetos tidos como exemplares de períodos históricos.

No Brasil, o grande momento que marcou essa discussão foi a criação do Serviço do Patrimônio Histórico e Artístico Nacional (Sphan) em 1937, projeto para o qual as atuações de Rodrigo Melo Franco de Andrade (1898-1969) e Mário de Andrade (1893-1945) foram fundamentais. O Sphan agia por intermédio do mecanismo de tombamentos dos vestígios da arte colonial, buscando também inventariar e catalogar objetos associados à memória nacional. A preocupação básica era orientada para a preservação da cultura barroca, encontrada principalmente no estado de Minas Gerais e tida como expressão da nossa singularidade nacional. Como se vê, patrimônio estava associado a uma tradição nacional que deveria ser preservada e operada como guia para construção do futuro.

Posteriormente, porém, essa noção se ampliou. Já em 1979 a Fundação Nacional Pró-Memória tombava o terreiro de candomblé Casa Branca, em Salvador, indicando uma visão mais aberta do que fosse patrimônio, além de se abrir para práticas e manifestações coletivas que estavam à margem da cultura erudita. A figura de Aloísio Magalhães (1927-82) foi decisiva nesse projeto, por sua atuação em órgãos federais e seu projeto de valorizar os bens culturais cotidianos e as práticas e os espaços populares. A partir de 1988, consagra-se a ideia de patrimônio imaterial ou intangível, atribuindo-se ao Estado o dever de reconhecer e proteger formas de medicina popular, tipos de música e dança, técnicas culinárias etc. O registro desses objetos e manifestações deve ser feito em quatro livros: o de registro dos saberes, o de registro das celebrações, o de registro das formas de expressão e o de registro de lugares.

Essas novas concepções nos levam às discussões sociológicas sobre o estatuto da cultura popular e das identidades. Afinal, a política atual do Estado brasileiro orienta-se justamente para o registro, preservação e apoio de atividades relacionadas a práticas populares tidas como "patrimônio imaterial", de que são exemplos os registros recentes do pão de queijo e do samba de roda. Em lugar de pensarmos esses objetos e práticas como traços de autenticidade popular, devemos analisar o papel dos mediadores (funcionários federais, intelectuais, representantes regionais, artistas etc.) na consagração desses fenômenos e os próprios conflitos que envolvem a definição do que seja patrimônio.

No cenário democrático contemporâneo, cultura é, cada vez mais, um tema que envolve a sociedade civil e seus atores. As discussões sobre patrimônio passaram a se associar aos próprios projetos políticos de grupos populares e comunidades interessadas em lutar pelas suas identidades e em tornar públicos seus discursos sobre a nação e seus lugares. Assim, se podemos falar em tradições "inventadas" e nações "imaginadas", talvez nunca o Brasil tenha se inventado e imaginado de formas tão dissonantes quanto nessas duas décadas posteriores à Constituição.

Capítulo 4

Pesquisando em sociologia

Objetivo

Este capítulo tem por objetivo discutir as características da sociologia como atividade prática de pesquisa. Assim, procura-se destacar a diversidade de métodos utilizados pelos sociólogos, bem como a necessidade da criatividade intelectual para o bom uso das ferramentas de pesquisa.

Questões básicas de pesquisa em sociologia

Explicar e compreender

Que é pesquisa social? *Grosso modo*, pode-se dizer que o sociólogo faz pesquisa quando procura resolver algum problema que o intriga na sociedade. Em geral isso implica entender "por que" ou "como" alguma coisa acontece, mas também pode significar a compreensão do sentido das ações de indivíduos e grupos. Essa é uma questão interessante, pois, ao contrário do cientista natural, o cientista social não procura apenas explicar os fenômenos de forma objetiva, construindo ou testando "leis gerais" sobre os mesmos. Ele também se interessa pelo sentido que os homens dão ao que fazem — algo ausente em outras atividades científicas. Como bem lembra o sociólogo inglês Anthony Giddens, um físico não se interessa pelo significado que um átomo dá ao que faz, por questões óbvias, mas um sociólogo pode compreender o significado das ações de um ou mais sujeitos. Assim, o objeto da pesquisa social não é um ente neutro, objetivo e passivo, já que os grupos e indivíduos usam a mesma linguagem do cientista e podem mesmo alterar suas ações em função do que o sociólogo escreve sobre eles.

Giddens caracteriza esse fenômeno por meio do conceito de "dupla hermenêutica", ou seja, o sociólogo pesquisa um mundo constituído pela linguagem dos homens que estuda, e estes, por sua vez, compartilham o mundo do sociólogo. Isso torna muito difícil sustentar que existam leis "sociais", isto é, afirmações gerais sobre o comportamento e as relações humanas. Afinal, um grupo que foi objeto de estudos sociológicos pode alterar suas ações em função do que foi escrito ou falado sobre ele. Isso não significa que não seja possível produzir teorias ou afirmações mais gerais sobre a vida social; apenas nos alerta sobre os limites desse procedimento. Uma boa pesquisa social deve ser reflexiva, ou seja, deve estar ciente de suas condições de operação e dos pressupostos cognitivos que orientam essa atividade.

As características do olhar sociológico

Ao buscar respostas para as questões que formula, o sociólogo se arma com uma hipótese, que é uma resposta provisória para suas perguntas. E para tentar confirmar essa resposta — ou negá-la, buscando outras — ele se vale das mais variadas ferramentas de pesquisa para coletar dados e informações. Não há uma receita de bolo para esse artesanato intelectual. Muitas vezes o cientista social começa com uma vaga ideia, sem uma boa hipótese de pesquisa, ou esta só surge um bom tempo depois de observar um grupo social. Às vezes, ele vai desenvolvendo um método para a pesquisa durante o desenrolar da atividade, sem se dar conta disso. E, finalmente, ele pode encontrar dados ou pistas onde menos esperava. Mesmo diante desse evidente aspecto aleatório da atividade de pesquisa, podemos apontar algumas características básicas, além de um conjunto de procedimentos e hábitos de pensar que muito ajudam um estudante de sociologia a refletir melhor sobre sua atividade.

Segundo o sociólogo norte-americano Peter Berger, uma das principais qualidades de um cientista social é sua imensa curiosidade a respeito dos mais diversos fenômenos que ocorrem na relação entre os homens. Pode-se dizer, portanto, que um bom passo inicial para uma pesquisa é a adoção de uma atitude de permanente "estranhamento", que faz o pesquisador olhar para o mundo à sua volta como um marciano o faria. Assim, atividades humanas tidas como rotineiras ou banais podem ser postas em perspectiva, e práticas sociais variadas podem ser comparadas. Por exemplo, um estudante criado no Sul dos Estados Unidos durante as décadas de 1940 e 1950 poderia achar perfeitamente "normal" o sistema de segregação racial que lá vigorava. Ao travar uma discussão mais profunda sobre o sistema de castas na Índia, pode começar a traçar interessantes paralelos tendo em foco uma questão sociológica: a produção de diferenças hierárquicas entre os homens. Ao fazer isso, seu universo intelectual se expande e ele passa a desenvolver um "olhar sociológico" que o faz desnaturalizar aspectos regulares da sociedade na qual se encontra.

O sociólogo francês Pierre Bourdieu foi um dos que mais insistiram na necessidade de o olhar sociológico romper com as perspectivas do senso comum. No seu livro *A profissão de sociólogo*, escrito juntamente com Chamboredon e Passeron, Bourdieu enfatiza que o objeto da sociologia deve ser "conquistado", o que implica o desenvolvimento de técnicas que rompam com as opiniões espontâneas e rotineiras sobre os fenômenos. Nessa perspectiva, ele argumenta que o conhecimento demanda uma construção do objeto, e não uma simples aceitação da vida social como ela se mostra de forma aparente. Por exemplo, um cientista social que estude o mundo da literatura e seus atores (escritores, críticos, editores e público culto) não deve aceitar as próprias definições corriqueiras disponíveis nessa esfera para definir o que se passa nela, já que os envolvidos nesse universo costumam acreditar que a criatividade e a genialidade não podem ser "explicadas". Ao comparar a mecânica de funcionamento desse campo — conceito utilizado por Bourdieu — com a forma de interação no mundo da moda, por exemplo, o sociólogo evidencia os jogos sociais que envolvem as disputas por prestígio e reconhecimento em torno de objetos simbólicos. Como se percebe, é uma abordagem distinta daquela preconizada por Giddens, que enfatiza justamente o trânsito constante entre linguagem sociológica e linguagem ordinária.

Já o sociólogo norte-americano C. Wright Mills afirmava que toda sociologia digna desse nome deveria ser uma sociologia histórica. Isso significa que o pesquisador deve procurar articular biografia e história, procurando compreender como os destinos de inúmeros homens contemporâneos podem ser explicados a partir das macrotransformações que alteraram as condições de vida das coletividades. Na perspectiva de Mills, a sociologia tem a missão de clarificar o mundo e explicar os problemas que afligem os homens, evidenciando seu potencial de esclarecimento crítico. Por exemplo, se numa cidade de milhares de habitantes apenas uma ínfima parcela encontra-se desempregada, isso seria um problema contingente; mas, se o desemprego atinge um número significativo de indivíduos, trata-se de um problema social que demanda entendimento.

O mesmo W. Mills afirma que a imaginação sociológica é uma ferramenta ao alcance de qualquer indivíduo educado. Ou seja, o olhar sociológico de que falamos aqui não é um segredo científico ao alcance apenas de um grupo de *experts* ou de cientistas profissionais; é também uma forma reflexiva de pensar e compreender problemas e questões que afligem todos os homens. Assim, um professor de sociologia pode ensinar os rudimentos desse olhar a alunos que não necessariamente se tornarão sociólogos ou farão pesquisa. A imaginação sociológica será útil para qualquer indivíduo interessado no mundo à sua volta.

Como se percebe, não são poucas as versões sobre o que caracteriza a sociologia como uma forma de investigação da realidade, e nem todas são convergentes. Isso se dá pela natureza das ciências sociais, que comportam um grau de divergência teórica muito mais amplo do que as ciências naturais, já que seu objeto não apenas "fala", como também age e transforma o mundo. Um bom pesquisador em sociologia não deve ter ilusões de que vá achar o método definitivo para entender a realidade, mas precisa estar constantemente vigilante para saber usar de forma criativa os recursos disponíveis para mais bem responder às perguntas que se propõe.

Questões sociais e questões sociológicas

Vê-se, portanto, que a pesquisa social implica não apenas a explicação ou compreensão de aspectos da vida social, mas também a articulação desses problemas com teorias mais gerais produzidas na sociologia. Por exemplo, no caso do estudante do Sul dos Estados Unidos que discute a segregação racial no seu país a partir de uma comparação com o sistema de castas, ele está não apenas aprendendo a respeito de um caso singular, mas também relacionando esse caso a uma questão sociológica mais geral sobre as formas de hierarquia entre os homens. Pode-se dizer que a transformação de uma questão social numa questão "sociológica" é o grande desafio de qualquer pesquisa social, e o aprendizado desse procedimento abre um vasto campo de reflexões para o estudante da disciplina. Vejamos alguns exemplos clássicos e contemporâneos de pesquisa social que ilustram esse aspecto.

No livro *Á ética protestante e o espírito do capitalismo*, o sociólogo alemão Max Weber partiu de uma pergunta prática de pesquisa, motivado pela curiosidade de que fala Berger: por que as regiões europeias economicamente mais desenvolvidas de seu tempo eram majoritariamente protestantes? Sua hipótese de pesquisa — confirmada posteriormente — sustentava que havia na doutrina religiosa do protestantismo elementos que dinamizavam uma atitude econômica racional-capitalista, mesmo que de forma não planejada. Entretanto, Weber estava não apenas explicando um fenômeno peculiar historicamente, mas também discutindo teorias sobre a sociedade. Pode-se dizer que seu trabalho específico discorria sobre a relação entre religião e vida econômica, um tema mais geral da vida humana e um problema tipicamente sociológico. Além disso, é possível sustentar que a pesquisa de Weber fornece subsídios empíricos para uma discussão mais geral sobre o tipo de personalidade moral do homem moderno, já que os resultados da *Ética protestante* permitiam traçar o sentido da ação econômica de uma pluralidade de indivíduos no mercado capitalista.

Já os trabalhos do sociólogo norte-americano Howard Becker oferecem outros bons exemplos para a produção de boas "questões sociológicas". No seu livro *Outsiders: estudo de sociologia do desvio*, ele apresenta uma coleção de pesquisas específicas, dedicadas à compreensão de aspectos variados da interação social em grupos de usuários de drogas, músicos de jazz e delinquentes. Ao procurar compreender o significado das práticas desses grupos e o modo como eles interagiam entre si e com a sociedade em geral, Becker não estava apenas falando sobre essas coletividades particulares; estava também testando uma teoria mais geral sobre o desvio e a rotulação. Em termos gerais, Becker analisava os *outsiders* não em busca de explicações para o fato de essas pessoas cometerem crimes ou perpetrarem atividades ilegais, mas para entender como surgiam rótulos sociais que classificavam algumas atividades e pessoas como "desviantes". Assim, pode-se dizer que suas pesquisas, focadas em grupos específicos, transformavam questões sociais (o uso de drogas, o crime, a delinquência) em problemas sociológicos mais gerais, que diziam respeito aos rótulos e ao desvio social.

Portanto, uma boa maneira de ler e compreender uma pesquisa social, seja num livro ou num artigo, é procurar desvendar o que ela nos ensina sobre aspectos mais gerais da vida social, traduzidos na linguagem da sociologia.

Quantitativo ou qualitativo?

A sociologia como atividade de pesquisa empírica comporta um grande número de métodos, ferramentas e técnicas.

É comum dividir essa diversidade em dois grandes grupos: métodos quantitativos e métodos qualitativos.

Os métodos quantitativos dizem respeito ao conjunto de ferramentas e técnicas de pesquisa que buscam traduzir hipóteses e afirmações sobre comportamento social em índices mensuráveis. Ou seja, trata-se de produzir informação social capaz de ser quantificada e coletada por instrumentos científicos padronizados. Esse tipo de pesquisa lida com amostragem, ou seja, com um conjunto limitado de indivíduos constituído a partir da reprodução, em escala menor, de uma população geral. Numa pesquisa eleitoral — um tipo clássico de pesquisa social — é impossível entrevistar toda a população de uma cidade; portanto, os cientistas entrevistam um grupo restrito que reproduz a distribuição das características gerais da população desse município. Se na localidade há uma percentagem significativa de idosos, por exemplo, o grupo da amostra deve retratar essa característica.

Tomemos como exemplo um pesquisador interessado em entender as razões do sucesso escolar em instituições públicas de ensino. Esse cientista social está buscando entender o que explica o melhor aproveitamento de alguns alunos na rede pública de sua cidade em comparação com o de outros. Como se vê, uma pesquisa extremamente relevante no cenário brasileiro. Como é impossível "explicar" esse fenômeno tomando como objeto de pesquisa todos os estudantes da rede pública municipal, o sociólogo pode constituir uma amostra específica, levando em conta a distribuição espacial das escolas, cor e renda dos alunos etc. Ao fazer isso, ele pode elaborar questionários detalhados e objetivos que lhe permitam coletar uma série de dados sobre a origem dos estudantes, a composição de suas famílias, a renda e outras informações que lhe pareçam relevantes. Finalmente, pode relacionar essas variáveis (chamadas de "independentes") com sua variável "dependente", ou seja, o que ele deseja explicar — no caso, o sucesso de alguns alunos, medido pelas notas nas avaliações escolares. Para fazer essas relações, o sociólogo usa métodos estatísticos hoje disponíveis em sofisticados programas de computador. Esse é um exemplo típico da metodologia quantitativa, pois os procedimentos de pesquisa implicam a produção de dados mensuráveis e informações capazes de ser generalizadas. Ou seja, nosso pesquisador usa sua amostra para produzir informações confiáveis sobre a população em geral.

Mas imaginemos outra abordagem para essa mesma pesquisa, que busca explicar as razões do sucesso escolar. O sociólogo pode escolher um grupo específico de alunos que tiveram bom desempenho escolar e estudá-los de forma mais detalhada. Assim, pode conduzir entrevistas em profundidade com eles e coletar algumas histórias de vida, além de observar a rotina de estudos desses alunos nas escolas. Pode também entrevistar as famílias dos alunos e observar a rotina doméstica, a trajetória dos indivíduos e as redes de apoio que eles lograram constituir. Ao final, nosso sociólogo pode ter um quadro bem amplo desse conjunto específico e talvez possa afirmar algo mais geral sobre as razões do sucesso escolar. Mas, como se percebe, os dados e as variáveis que utilizou não são "quantificáveis", mas são informações qualitativas, como as histórias de vida. É impossível traçar tabelas ou gráficos com esses tipos de dados, que devem ser interpretados pelo cientista social e analisados em profundidade.

É comum alguns sociólogos estabelecerem uma grande oposição entre métodos quantitativos e qualitativos. Os quantitativistas ortodoxos sustentam que apenas a estatística e o uso de técnicas empíricas que provem de forma matemática a correlação entre variáveis podem ser considerados procedimentos verdadeiramente científicos. Já os qualitativos estritos desprezam o uso de ferramentas estatísticas, por considerarem a sociologia uma ciência radicalmente distinta de outras formas de conhecimento, pela sua natureza discursiva e hermenêutica, conforme afirma Giddens. Assim, consideram que o uso de argumentos quantitativos é um erro "positivista", por não levar em conta os significados distintos que podem ser atribuídos aos mesmos dados objetivos (por exemplo, será que "sucesso escolar" pode ser medido adequadamente pelas notas dos alunos em provas? Como os próprios estudantes veem sua relação com o saber?).

Essa oposição é infrutífera. Como afirma o sociólogo norte-americano Wright Mills, a pesquisa social depende mais da criatividade de quem a pratica do que do conhecimento sistemático de um manual de procedimentos específicos. Assim, na atividade de pesquisa social devem-se evitar preconceitos e ortodoxias, como se a escolha de um método específico implicasse a filiação a alguma escola intelectual exclusivista. Os melhores exemplos de pesquisa em sociologia combinam métodos e técnicas de pesquisa de forma criativa, articulando as teorias sobre a sociedade aos dados empíricos coletados.

As ferramentas do olhar sociológico: métodos e técnicas

Quais são os principais métodos e técnicas utilizados pelos sociólogos para estudar a vida social? Esta seção busca apresentar, de forma sucinta, alguns dos caminhos de pesquisa mais utilizados na sociologia e nas ciências sociais de maneira geral, com ênfase nos métodos qualitativos, passíveis de serem trabalhados de forma mais eficaz no âmbito de uma escola do ensino médio. Mais do que simples protocolos de pesquisa, esses caminhos podem servir para qualquer estudante de sociologia que esteja disposto a adquirir certos hábitos de pensar e novas formas de usar sua imaginação sociológica. Comecemos com algumas técnicas básicas

O trabalho de campo

Uma forma de estudar um dado fenômeno social é ir até ele. Isso pode parecer óbvio, mas nem todas as pesquisas exigem isso, como as feitas com base em análises estatísticas ou pesquisa bibliográfica e documental, por exemplo. No trabalho de campo, o sociólogo deve frequentar por um bom período de tempo o "objeto" escolhido para sua pesquisa, que pode ser uma instituição, um grupo social, uma organização etc.

O objetivo de um trabalho de campo é analisar a fundo um objeto de pesquisa, atentando para seus aspectos mais variados, como a rotina diária, a linguagem usada pelas pessoas, o modo como certos problemas surgem e são resolvidos, a dinâmica da interação entre os indivíduos, a hierarquia e a distribuição de poder etc. É claro que é impossível o sociólogo analisar todos os aspectos, e a relevância de cada um deles vai depender da pergunta principal da pesquisa ou mesmo de descobertas feitas no próprio "campo", pois é comum que hipóteses iniciais sejam completamente alteradas no dia a dia da pesquisa.

No trabalho de campo é fundamental que o pesquisador evite prejulgamentos ou mesmo avaliações morais baseadas nos seus próprios pressupostos valorativos. Isso pode impedir a percepção de códigos, sentidos e formas de comunicação que são fundamentais para a dinâmica de funcionamento de certa organização. Por exemplo, um estudioso que vá pesquisar uma tribo urbana de grafiteiros vai perder muito em sua pesquisa se partir do pressuposto de que pichar não passa de uma atividade criminosa e sem nenhum valor estético. Não se trata de relativismo moral, mas da capacidade de treinar o olhar para perceber como os próprios agentes estudados constituem seus mundos e suas práticas, e o significado que dão a elas.

No trabalho de campo o observador pode usar as mais variadas ferramentas, como entrevistas em profundidade, observações gerais, análise de documentos produzidos pelas instituições analisadas etc. Um bom exemplo de pesquisa de campo nos é dado por William Foote Whyte no seu livro *Sociedade de esquina*. Whyte estudou uma área ítalo-americana da cidade de Boston entre 1936 e 1940 — que ele chamou ficticiamente de Cornerville —, onde passou longos períodos interagindo com os grupos lá existentes e anotando sistematicamente eventos, palavras, conflitos e modos de comunicação que lhe pareciam significativos. Sua poderosa imaginação sociológica lhe permitiu atentar para detalhes aparentemente insignificantes, como um simples jogo de boliche entre amigos. Whyte percebeu que as pontuações de cada colega no jogo eram proporcionais ao prestígio de cada um na dinâmica do grupo social, como se a credibilidade pessoal do sujeito lhe permitisse ter maior autoconfiança e lhe garantisse o respeito e o estímulo dos colegas. Seu livro foi importante por mostrar que uma área urbana degradada e periférica poderia ter uma organização social altamente complexa e hierarquizada, com uma rica nuança de códigos regendo as interações entre os indivíduos. Whyte só percebeu essa organização porque seu trabalho de campo foi bastante completo, o que lhe franqueou a entrada nos mais variados cenários da vida cotidiana de Cornerville.

A observação participante associada à pesquisa empírica é um tipo de trabalho de campo bastante utilizado pelos cientistas sociais em geral e foi bastante associada à chamada escola de Chicago. Ao optar por essa abordagem, o sociólogo não apenas passa um longo tempo no cenário de seu estudo, mas de certa forma interage com ele, tentando comportar-se de acordo com os hábitos rotineiros do grupo ou da organização. Essa é uma boa forma de conhecer códigos e segredos internos que dificilmente seriam revelados facilmente a um "observador". Entretanto, não se deve esquecer que o sociólogo não é um "nativo" propriamente dito, pois ele nunca vai ter a naturalidade e a espontaneidade que marcam a vivência dos indivíduos habituados desde muito à dinâmica do grupo.

Outro bom exemplo desse tipo de observação é descrito pelo sociólogo norte-americano Howard Becker, que fez, juntamente com outros colegas, uma pesquisa sobre estudantes de medicina. Essa pesquisa foi publicada em 1961 num livro intitulado *Boys in white: student culture in medical school*. Becker e seus colegas frequentaram cursos de formação com os estudantes e partilharam de suas experiências cotidianas no laboratório, comendo e dormindo segundo suas rotinas e acompanhando clínicas. Nesse período, iniciavam conversações informais, não "entrevistas", nas quais procuravam averiguar as aspirações, medos, afetos e modos de se portar característicos desse grupo. Segundo Becker, o cientista social deve atentar para uma série de procedimentos nesse tipo de pesquisa: a confiabilidade dos informantes, a regularidade de certas práticas, o tipo de informação veiculada (foi espontânea ou provocada pelo questionamento de outro?) e a frequência de certos fenômenos.

Como se pode perceber, a pesquisa de campo e a observação participante são técnicas muito utilizadas pelos sociólogos em estudos de caso. Entretanto, nas duas últimas décadas, numerosos cientistas sociais questionaram a validade dessas técnicas, por considerarem que os seus praticantes envolvem-se em relações assimétricas de poder com seus informantes. Ou seja, é como se Foote Whyte "usasse" os habitantes de Cornerville e não questionasse o seu próprio olhar de cientista educado, que marcaria de forma indelével sua interpretação sobre eles. O antropólogo americano Clifford Geertz enfatizava que as interpretações produzidas num trabalho de campo não são resultados diretos de observação controlada da realidade, mas ficções de segunda ordem, construídas a partir das próprias narrativas produzidas pelos "nativos" (no caso de Whyte, seus colegas italianos no bairro pobre de Boston).

Esse conjunto de críticas e questionamentos não invalidou totalmente o trabalho de campo, mas certamente obrigou os sociólogos a serem menos ingênuos em relação àquilo que acreditam estar "vendo" e narrando.

O estudo de caso

O estudo de caso é um procedimento de pesquisa no qual o sociólogo estuda em detalhes uma organização, uma instituição ou um grupo social específico. Pode ser também o estudo de uma dada comunidade — décadas atrás se falava em "estudos de comunidade". Embora esteja fortemente relacionado ao método de trabalho de campo, não há uma única metodologia específica associada ao estudo de caso, que pode combinar procedimentos quantitativos e qualitativos.

É possível escolher um caso para ser estudado em razão de sua peculiaridade, tendo como objetivo extrair o máximo de compreensão possível daquele objeto singular. Por exemplo, um sociólogo interessado em estudar a vida de um grande intelectual ou escritor, ou um pesquisador curioso a respeito de um ritual religioso específico. Mas muitos cientistas sociais também tomam o caso escolhido como evidência para explorar a validade de afirmações mais gerais sobre a interação social entre os homens. Podem, também, fazer múltiplos estudos de caso como forma de produzir mais informação sólida para essas generalizações.

Como se vê, o estudo de caso não é uma simples ilustração de um problema geral, mas uma tentativa de descobrir novos aspectos do fenômeno em questão mediante a observação de uma realidade singular. Ou seja, o objetivo pode ser discutir a própria teoria sociológica. A ilustração apenas explicita um aspecto já consolidado na teoria.

Um exemplo clássico de estudo de caso com implicações teóricas mais gerais foi escrito por J. Goldhtorpe, D. Lockwood, F. Beckhofer e J. Platt em 1968/69 na Inglaterra. Para testarem a afirmação de que a afluência da sociedade europeia no período posterior à II Guerra teria dissolvido a identidade singular da classe trabalhadora, agora incorporada à classe média, os pesquisadores escolheram justamente uma região industrial que pagava bons salários aos operários. Ou seja, o caso escolhido por eles era bem "favorável" à tese geral. E, fazendo um intenso estudo naquela região, descobriram que mesmo lá ainda persistia uma cultura operária vigorosa, o que afastava a ideia de que as identidades de classe estariam então se dissolvendo.

Finalmente, relatar o caso é um passo especialmente delicado, já que envolve não uma narrativa impessoal ou neutra, mas um artifício discursivo, sujeito a múltiplas tensões e contradições. Mais recentemente, numerosos cientistas sociais vêm evidenciando o quanto o texto produzido a partir de um estudo de caso comporta uma dimensão ficcional, seja pela sua estrutura, seja pela própria natureza do discurso empregado. Afinal, por mais que o sociólogo não "invente" fatos, sua própria descrição deles já implica uma forma de estilização narrativa. Mais uma vez, estar consciente desse problema é essencial para qualquer sociólogo reflexivo.

Um bom exercício sociológico é imaginar que tipo de estudo de caso um estudante de ensino médio no Brasil poderia fazer em sua cidade. Por exemplo, ele poderia analisar a dinâmica de funcionamento do hospital municipal, observando as relações entre médicos e pacientes, a linguagem empregada pelos profissionais de saúde, as gírias etc. Ou mesmo fazer pesquisas de campo em dois colégios diferentes na mesma cidade, para analisar as eventuais diferenças entre adolescentes de escolas públicas e particulares. Será que provariam ou confirmariam a hipótese mais geral? Esse tipo de exercício é um ótimo passo introdutório para refinar a imaginação sociológica.

Histórias de vida

Ao elaborar uma história de vida, o sociólogo busca examinar a trajetória de um grupo de indivíduos analisando suas biografias, o percurso familiar e o modo como as pessoas contam suas histórias. Um dos mais famosos exemplos do uso dessa técnica de pesquisa está na obra *The Polish peasant in Europe and America*, de W.I. Thomas e Florian Znanieck, cuja primeira parte foi publicada em 1918 (a obra tinha ao todo mais de 2 mil páginas). Nela, Thomas e Znanieck buscavam analisar o impacto da experiência migratória sobre camponeses poloneses nos EUA. Para tanto, não apenas entrevistaram várias dessas pessoas (chegaram a publicar anúncios nos jornais oferecendo pagamento em troca de entrevistas), como também analisaram cartas, relatos familiares, documentos de migração e todo tipo de material que lhes permitisse reconstruir essa experiência social.

Ao usar as histórias de vida, o sociólogo busca captar não o "passado tal como se deu", mas o sentido conferido pelos agentes à experiência objetiva vivenciada por eles. Thomas e Znanieck chegaram a coletar um extenso relato autobiográfico de um polonês contratado pelos anúncios nos jornais, Wladek Wisznieswski.

Uma forma bem conhecida de coletar histórias de vida é a chamada "história oral". Esse procedimento implica a produção de fontes de pesquisa sócio-histórica por intermédio do registro oral. Isto é, o pesquisador pode tomar como indicadores para seu estudo relatos verbais produzidos pelos mais variados indivíduos. Isso requer uma técnica cuidadosa para estruturação das entrevistas, checagem de informações, condições de interação com os entrevistados etc. As histórias de vida coletadas por esse método podem servir como dados para a compreensão das transformações de um período tal como vivenciadas pelos próprios sujeitos, além de constituírem material de reflexão por si mesmas. Afinal, são evidências significativas de como as pessoas constroem as narrativas de suas vidas e se constituem como indivíduos históricos.

É comum os pesquisadores questionarem a relevância das histórias de vida ou mesmo da história oral, alegando que tais materiais e técnicas são por demais subjetivos. Ora, é possível perguntarmos se os dados não verbais são completamente confiáveis; afinal, trata-se de registros escritos produzidos por agentes humanos situados em condições histórico-sociais específicas. Por exemplo, ao usarmos arquivos policiais para estudar um determinado movimento social ou político, correremos o risco de escrever uma pesquisa a partir do olhar do agente repressivo. Cabe ao pesquisador controlar esses riscos e utilizar a história de vida de forma combinada com outros métodos e técnicas. Além disso, as possíveis "distorções" ou "omissões" são, por si sós, material interessante para reflexão. Afinal, qual sociólogo não se interessaria em entender o significado de certos silêncios de seu entrevistado?

Um bom exercício sociológico seria solicitar aos alunos que tentassem traçar as trajetórias de personagens relevantes em suas comunidades, articulando as narrativas pessoais com as transformações históricas ocorridas na região. Se a promessa da sociologia é relacionar biografia e história, não seriam as histórias de vida o grande material para essa empreitada?

O método comparativo

Uma forma de pesquisar fenômenos sociais é através da comparação. Os sociólogos que optam por esse método estão, em geral, interessados em dar um passo além dos estudos de caso e buscam construir explicações mais gerais sobre os objetos sociais. Podem, também, estar curiosos a respeito das causas de determinados fenômenos, como, por exemplo, a existência de regimes ditatoriais ou autoritários.

Um exemplo clássico de estudos comparados é o livro de Barrington Moore Jr. intitulado *As origens sociais da ditadura e da democracia: senhores e camponeses na construção do mundo moderno*. Nessa obra, o sociólogo compara diversos países tomando como foco as grandes transformações no mundo agrário que produziram a passagem para a modernidade industrial, com destaque para o papel político de camponeses e elites proprietárias de terra. Quais os arranjos sociais específicos nos quais esses atores se envolviam nos países analisados? Moore analisou EUA, Inglaterra, França, China, Índia e Japão, tomando esses casos como exemplares de padrões específicos de modernização.

Assim, revoluções burguesas que democratizassem a propriedade produziriam regimes parlamentares, hoje característicos de países como França, Inglaterra e EUA, enquanto rupturas que preservassem o monopólio de poder dos grandes proprietários tradicionais num contexto de fraqueza da burguesia produziriam "modernizações pelo alto". Finalmente, países onde os camponeses ainda representassem uma fração considerável da sociedade conheceriam revoluções agraristas típicas do mundo comunista (caso da China, por exemplo). Como se vê, a partir da análise histórica de alguns casos exemplares selecionados, tendo como foco um aspecto específico da vida social (a questão agrária e seus atores), Barrington Moore produziu um estudo com vasto poder de generalização e que permanece até hoje como clássico a despeito de inúmeras críticas.

Mas nem todo estudo comparativo precisa ser tão grandioso. Um clássico mais recente desse método foi escrito por Robert Putnam em 1993 e intitula-se *Comunidade e democracia: a experiência da Itália moderna*. Nele, Putnam investigava o estado da democracia na Itália e tentava explicar a diferença de desempenho das instituições em diferentes regiões do país, tomando por base o desempenho de 20 governos regionais desde 1970. Ao destacar algumas variáveis históricas e culturais como eixos de comparação, ele mostrou como a democracia produzia resultados divergentes em função do estoque de capital social de cada região. Ou seja, em determinados locais havia um círculo virtuoso que conjugava participação política, confiança mútua e solidariedade social, enquanto noutros predominavam atitudes que emperravam o associativismo entre os cidadãos. Assim, o exercício comparativo feito por

Putnam serviu para mostrar como instituições semelhantes poderiam produzir resultados diferentes em função da ausência ou presença de uma cultura cívica que as animasse.

Como se vê, os estudos comparativos permitem ao cientista social trabalhar com vários estudos de caso numa perspectiva mais ampla e assim ter mais segurança para fazer afirmações gerais sobre as relações entre variáveis ou mesmo as causas possíveis de certos fenômenos. A pesquisa pode comparar instituições, governos, políticas públicas ou mesmo práticas sociais mais amplas, e a questão da escolha dos casos é crucial para a eficácia do estudo. Afinal, deve-se ter clareza sobre o que se compara ou mesmo por que se compara, sob risco de o pesquisador trabalhar com casos ou variáveis que não se articulam adequadamente.

Finalmente, é possível comparar um mesmo fenômeno no tempo, inclusive dentro de um único contexto nacional. Alguns estudos, por exemplo, tratam do impacto de novas legislações examinando o mesmo país antes e depois de uma nova constituição.

Pesquisando o Brasil

Nas últimas décadas, a sociologia vem se consolidando como uma das principais linguagens utilizadas na esfera pública para tratar dos dilemas da democracia brasileira. A despeito de parecer a muitos uma ciência hermética, ela está na raiz de políticas públicas e questões sociais próximas do universo cotidiano de todos os cidadãos. Vejamos então alguns bons exemplos de como a sociologia pode não apenas nos ensinar sobre esses temas, mas também nos auxiliar a pensar sobre eles. Veremos como o uso criativo de diversos métodos pode nos auxiliar a desenvolver bons hábitos de pensamento sociológico.

Comecemos com um tema popular no debate público atual: os programas de transferência de renda promovidos por diversos níveis de governo. Como se sabe, a ideia de pagar um benefício às famílias que mantenham seus filhos nas escolas públicas transformou-se numa política social bastante disseminada atualmente no Brasil. Mas permanecem os questionamentos a respeito de sua eficácia. Em artigo sobre o tema escrito em 2000 e intitulado "Combater a pobreza estimulando a frequência escolar: o estudo de caso do programa Bolsa Escola de Recife", Lena Lavinas e Maria Lígia Barbosa procuram responder a essas questões por meio de um estudo de caso: o Programa Bolsa Escola que era desenvolvido em Recife desde 1997. Estudando dados constantes no cadastro feito pela prefeitura, as autoras analisaram a composição social das famílias beneficiadas, o desempenho escolar das crianças, o grau de cobertura do programa e as alterações na renda familiar. Seus resultados mostravam que o programa não alterava significativamente o desempenho escolar, embora lograsse transformar a escolarização num bem valorizado pelas famílias pobres, o que, segundo as autoras, representava um efeito positivo. Entretanto, não havia alteração significativa na renda familiar, segundo elas. O trabalho de Lavinas e Barbosa é um exemplo do uso combinado de técnicas quantitativas num estudo de caso e mostra como a pesquisa em sociologia pode ilustrar nossa compreensão da sociedade brasileira. Sabe-se hoje que o grande desafio não é apenas manter as crianças na escola, mas incrementar a qualidade da aprendizagem e fazer com que a rede escolar ensine de forma eficaz crianças oriundas de famílias vulneráveis.

Mais recentemente, um grupo de três pesquisadores debruçou-se sobre o Programa Bolsa Família e o Benefício de Prestação Continuada para analisar seus efeitos e problemas.

No texto intitulado "Transferência de renda no Brasil", publicado em 2007, M. Medeiros, T. Britto e F. Soares argumentam que esses programas não estimulam a ociosidade, como se alega por vezes no debate público brasileiro. Além disso, cobrem razoavelmente bem o universo de beneficiários e não têm impacto significativo no custo previdenciário. Entretanto, os pesquisadores mostram, com auxílio de análise estatística, como as condicionalidades dos programas (frequência escolar) podem ser redundantes, já que o índice de crianças na escola estaria crescendo por outros motivos. Esse é um exemplo de raciocínio sociológico e estatístico bem comum: às vezes, atribuímos a causa de um fenômeno a uma variável, quando na verdade o fenômeno pode ser explicado por outras causas mais importantes.

Muitas pesquisas vêm sendo feitas também para analisar os problemas relacionados à escola no Brasil contemporâneo. Além de pesquisas quantitativas, destinadas a explicar as causas da desigualdade dos índices de educação, há também estudos que analisam as razões do sucesso ou fracasso escolar. Ou seja, muitos procuram responder à pergunta: o que faz uma criança ou jovem ser bem-sucedido na escola? Essas pesquisas, de corte mais qualitativo, muitas vezes se valem largamente de histórias de vida e análise de trajetórias singulares, apoiando-se em entrevistas em profundidade e observação. Um caso exemplar é o livro de Jailson de Souza intitulado *Por que uns e não outros? Caminhadas de jovens pobres para a universidade*, onde esse sociólogo da educação analisa a trajetória bem-sucedida de um grupo de estudantes da Maré, buscando nas suas histórias singulares fatores ou variáveis que possam explicar a valorização da escolarização, tais como a inteligência institucional e a capacidade de saber lidar com as regras escolares.

Já a relação entre escola e favela é analisada em pesquisa recente feita pelos professores da PUC-Rio Marcelo Burgos, Angela Paiva e Sarah Telles. Num texto de 2007 intitulado "Cidade, escola e favela", Burgos expõe alguns resultados dessa investigação, que buscava entender como a escola lidava com a transmissão de valores ligados à vida na cidade — uma de suas funções clássicas. Os pesquisadores entrevistaram 52 professores e diretores que atuavam em 10 escolas públicas representativas de quatro grandes favelas cariocas, uma de cada região da cidade. Como se percebe, é fundamental garantir a representatividade da amostra estudada na pesquisa, mesmo que ela seja baseada em técnicas qualitativas. As entrevistas analisadas por Burgos evidenciam o descompasso entre a missão republicana da escola e as práticas cotidianas que terminam por ratificar a segregação espacial e a percepção de que a favela é "outro mundo".

O tema da escola pode atrair a atenção de jovens numa disciplina de sociologia na rede pública. É possível, por exemplo, estimular os alunos a pesquisarem trajetórias de familiares ou conhecidos que tenham diferentes histórias de vida relacionadas ao mundo escolar, sendo essa uma maneira de exercitar o método comparativo e as técnicas de história oral. Outra alternativa seria solicitar aos alunos que fizessem um trabalho de campo numa escola que não fosse a sua, a fim de investigar as rotinas escolares, a lógica de interação social, as relações entre alunos e professores etc. Finalmente, os bancos de dados disponíveis podem ser acessados para se compreender melhor a situação geral da escolaridade no Brasil.

A reforma agrária é outro tema que ocupou bom espaço na agenda da política brasileira. Uma questão muito discutida diz respeito à eficácia da política de assentamentos, que é por muitos considerada dispendiosa e pouco produtiva em termos econômicos e sociais. Mas o que as ciências sociais vêm nos mostrando com suas pesquisas?

Até hoje, um dos trabalhos mais completos foi feito por um grupo de pesquisadores do Rio de Janeiro. B. Heredia, M. Palmeira, L. Medeiros, R. Cintrão e S. P. Leite publicaram em 2005 os resultados de uma pesquisa realizada em 2000/01 sobre o impacto exercido pelos assentamentos da reforma agrária nas cidades e localidades de seu entorno. Como eles fizeram esse estudo? Inicialmente, dividiram o país em zonas, levando em conta a concentração de projetos e municípios ligados a eles e a diversidade regional, e em seguida escolheram alguns locais específicos dentro de cada uma dessas zonas. A partir daí aplicaram questionários aos assentados e colheram dados sobre cada uma das localidades, tendo como recorte temporal o período entre 1985 (início dos assentamentos) e 1997. Além disso, entrevistaram diretamente os assentados, para obter uma informação qualitativa sobre suas percepções e aspirações.

Ao final, o estudo mostrou que os assentamentos exercem um efeito agregador quando se multiplicavam numa área próxima e criavam uma rede de pequenas cidades e localidades. Já a tradicional política de expropriar grandes fazendas isoladas se mostrou improdutiva e fadada ao fracasso. Nos casos bem-sucedidos, havia uma dinamização econômica e a possibilidade de um incremento no nível de consumo para os assentados, que também passavam a se apresentar como sujeitos políticos nos seus locais de vida. Entretanto, a política de assentamentos não alteraria de forma relevante os índices gerais de distribuição de terra no Brasil, além de não resolverem problemas de infraestrutura. Como se vê, essa pesquisa coletiva faz uso de um método comparativo que utiliza análise estatística e entrevistas para responder à pergunta sobre os impactos da reforma agrária.

Finalmente, pode-se dizer que a violência urbana é um dos principais temas na agenda dos cidadãos brasileiros, e as ciências sociais refletiram isso. Desde a década de 1980, numerosos estudos e pesquisas foram feitos para buscar compreender os múltiplos aspectos dessa questão. Como pesquisar a violência? A antropóloga Alba Zaluar foi uma das primeiras a pesquisar o tema, e o fez desafiando uma das tradicionais pré-noções a esse respeito: a hipótese de que a pobreza gera a violência. Nos livros *A máquina e a revolta: as organizações populares e o significado da pobreza* e *Condomínio do Diabo*, Zaluar se valeu das técnicas de trabalho de campo e da observação participante para sustentar a hipótese de que a violência se relacionava à desorganização das instâncias tradicionais de associativismo popular, à produção de um etos masculino violento e à entrada maciça de armas pesadas e drogas nas grandes cidades.

Mais recentemente, os cientistas sociais vêm usando sofisticadas técnicas estatísticas para estudar o perfil das vítimas de violência, a distribuição espacial dos crimes e o perfil dos agressores. Hoje é desaconselhável que um gestor público planeje ações de segurança pública sem tomar essas informações sociológicas como base para os programas. Por exemplo, sabe-se atualmente que as grandes vítimas da violência urbana no Brasil são os jovens negros e pobres que habitam as regiões periféricas das grandes metrópoles, como mostra o estudo de Julita Lemgruber intitulado "Violência, omissão e segurança pública: o pão nosso de cada dia".

Como se vê, são muitas as contribuições que a pesquisa sociológica pode trazer para a sociedade brasileira e para o próprio cotidiano dos cidadãos. Não se trata, é claro, de transformar todos os estudantes em sociólogos, mas de ensinar-lhes os rudimentos da imaginação sociológica tal como descrita por W. Mills. Dessa forma, pesquisar em sociologia pode significar usar esses instrumentos de forma prática e simples, a partir de pequenas experiências e investigações sugeridas em sala de aula. Algumas dicas são dadas no corpo deste texto.

Bibliografia selecionada e comentada

ADORNO, T. "A indústria cultural". In Coleção *Grandes Cientistas Sociais* – Adorno. São Paulo: Ática, 1986. Texto clássico do alemão Theodor Adorno, que trabalha o conceito de indústria cultural para pensar os efeitos da racionalização capitalista na produção de bens culturais. Cunhado em 1947, o conceito é bastante usado até os dias de hoje.

ARAÚJO, R.B; CASTRO, E.V. "Romeu e Julieta e a origem do Estado". In G. Velho (org) *Arte e Sociedade*. Rio de Janeiro: Zahar, 1977. O texto analisa a formação do individualismo e do Estado moderno a partir da famosa peça de Shakespeare.

ANDERSON, B. *Comunidades imaginadas*. São Paulo: Companhia das Letras, 2008. Este livro de 1983 é um estudo clássico sobre o nacionalismo, no qual Anderson analisa as condições históricas que possibilitaram o surgimento deste fenômeno.

BECKER, H. S. *Métodos de pesquisa em ciências sociais*. São Paulo: Hucitec, 2003. Este livro apresenta uma abrangente análise dos métodos de pesquisa em ciências sociais, enfatizando a tradição de trabalho de campo da chamada escola de Chicago. O autor é conhecido sociólogo norte-americano.

_____. *Outsiders:* estudo de sociologia do desvio. Rio de Janeiro: Jorge Zahar, 2008. Este livro de 1963 é uma coletânea de artigos do autor sobre o desvio social e seus praticantes.

_____; Geer, B.; HUGHES, E. C.; STRAUSS, A. L. *Boys in white:* student culture in medical school. New Brunswick/London: Transaction, 1992. Este livro, publicado originalmente em 1961, é um clássico estudo de sociologia das profissões. Tem como objeto a análise dos processos de aprendizado e socialização de jovens estudantes de medicina numa escola superior.

BOAS, F.; CASTRO, C. (Orgs.). *Antropologia cultural*. Rio de Janeiro: Jorge Zahar, 2005. O livro reúne os principais textos de Boas, autor pouco traduzido para a língua portuguesa. Inclui uma breve apresentação biográfica e algumas explicações do professor Celso Castro.

BOUDON, R. *Os métodos em sociologia*. São Paulo: Ática, 1989. O livro oferece uma introdução sintética aos métodos quantitativos e qualitativos, com destaque para os primeiros.

BOURDIEU, P. *A distinção:* crítica social do julgamento. Porto Alegre: Zouk, 2007. Este livro de 1979 apresenta um estudo sobre as relações entre práticas culturais, estrutura de classes e dominação social. É obra central na bibliografia de Bourdieu.

_____. *As regras da arte:* gênero e estrutura do campo literário. São Paulo: Companhia das Letras, 1996. O livro analisa a obra do escritor francês Gustave Flaubert a partir da análise sociológica do campo artístico francês.

_____; CHAMBOREDON, J.-C.; PASSERON, J.-C. *A profissão de sociólogo:* preliminares epistemológicas. Petrópolis: Vozes, 1999. Este livro aborda a construção do objeto na sociologia a partir da experiência de pesquisa da sociologia francesa inspirada por Pierre Bourdieu.

BURGOS, M.; PAIVA, A.; TELLES, S. "Cidade, escola e favela". Disponível em: cedes.iuperj.br/PDF/07fevereiro/cidade%20escola%20e%20favela.pdf. Acesso em 20 maio 2009. O artigo analisa o significado da escola nas favelas cariocas levando em conta o cenário de territorialização da cidade.

CALDEIRA, T. P. do Rio. *Cidade de muros:* segregação e cidadania em São Paulo. São Paulo: Edusp, 2000. Trata dos novos padrões de urbanização de São Paulo, associando a segregação espacial e a desigualdade social à violência urbana.

CARDOSO, F. H. *Empresário industrial e desenvolvimento econômico no Brasil.* São Paulo: DIFEL, 1964. O livro analisa o comportamento e as ideias do empresariado paulista na década de 1960, destacando a fragilidade de sua constituição enquanto classe social modernizadora.

CARVALHO, J. M. de. *Cidadania no Brasil:* o longo caminho. Rio de Janeiro: Jorge Zahar, 2003. Livro que conta, de forma sintética e clara, a história da cidadania no Brasil, destacando sua singularidade em relação ao mesmo processo nas sociedades europeias.

CASSIRER, E. *A filosofia do Iluminismo.* Campinas: Unicamp, 1992. Neste trabalho de 1932, o autor apresenta as principais características da razão iluminista, enfatizando as dimensões do filosofar do Esclarecimento

CUCHE, D. *A noção de cultura nas ciências sociais.* Bauru: Edusc, 1999. Apresenta um histórico do conceito de cultura, destacando seu papel na antropologia e na sociologia.

CUNHA, E. da. *Os Sertões.* Rio de Janeiro: Nova Aguilar, 1995. Um clássico do pensamento brasileiro, este livro de 1902 é não só um estudo sobre a Guerra de Canudos, mas também um ensaio sobre a nacionalidade. A combinação entre os registros literário e científico contribuiu para o sucesso da obra.

DOS SANTOS, W. G. *Ordem burguesa e liberalismo político*. São Paulo: Duas Cidades, 1978. O livro é uma coletânea de ensaios e artigos do autor. O primeiro deles – "Paradigma e história – a ordem burguesa e a imaginação social brasileira" é de especial interesse, pois trata da imaginação política brasileira e do modo correto de entender suas raízes.

DURKHEIM, E. *As formas elementares da vida religiosa*. São Paulo: Martins Fontes, 1996. Este livro de 1912 analisa o fenômeno religioso a partir do estudo empírico de alguns grupos aborígenes australianos, destacando a relação entre morfologia, categorias de pensamento e simbolismo.

_____. *Da divisão do trabalho social*. São Paulo: Martins Fontes, 1995. O livro, publicado originalmente em 1893, analisa o fenômeno da divisão social do trabalho e seus efeitos sobre a integração das sociedades industriais modernas.

_____. *As regras do método sociológico*. São Paulo: Martins Fontes, 1999. Este livro de 1895 apresenta a visão do autor sobre os procedimentos metodológicos necessários para tornar a sociologia uma ciência positiva e objetiva.

ELIAS, N. *O processo civilizador*. Rio de Janeiro: Jorge Zahar, 1994. Este livro de 1939 analisa a formação do Estado centralizado moderno relacionando esse fenômeno a um processo de progressivo autocontrole emocional dos indivíduos. É um clássico da sociologia histórica.

_____. *Mozart:* sociologia de um gênio. Rio de Janeiro: Jorge Zahar, 1995. O livro analisa o compositor Mozart e sua produção artística a partir das transformações históricas de sua época e das redes de interdependência que formaram o artista.

FERNANDES, F. *A integração do negro na sociedade de classes*. São Paulo: Dominus Editora, 1965. Este livro é um dos mais representativos da escola sociológica paulista. Seu tema é a persistência de mecanismos de discriminação racial na ordem capitalista brasileira.

FREYRE, G. *Casa Grande & Senzala*. Rio de Janeiro: Record, 1992. Lançado em 1933, este livro é um clássico do pensamento brasileiro. Freyre analisa a vida cotidiana do mundo patriarcal na colônia e a influência de negros, indígenas e portugueses na formação do país.

GEERTZ, C. *A interpretação das culturas*. Rio de Janeiro: Guanabara, 1989. Este livro de 1973 é um conjunto de ensaios e artigos sobre a cultura, tendo por base os estudos do autor em Bali e na Indonésia. Geertz adotava uma postura hermenêutica e via a cultura como um texto formado por múltiplas interpretações dos nativos.

GOMES, A. C. *Cidadania e direitos do trabalho*. Rio de Janeiro: Jorge Zahar, 2002. Uma história da relação entre cidadania, trabalho e direitos no Brasil.

HALL, S. *A identidade cultural na pós-modernidade*. Rio de Janeiro: DP&A, 2005. Essa breve história do debate sobre a identidade no pensamento social mostra como os teóricos contemporâneos tornaram flexíveis e contingentes os conceitos de "identidade" e "cultura".

HOBSBAWN, E; RANGER, T. *A invenção das tradições*. Rio de Janeiro: Paz e Terra, 1974. Livro em que os historiadores ingleses analisam o processo de fabricação social das tradições nacionais.

HOLANDA, S. B. *Raízes do Brasil*. São Paulo: Companhia das Letras, 1995. Publicado em 1936, este ensaio analisa a identidade brasileira a partir de uma investigação sobre as origens culturais ibéricas do

Brasil. A discussão de Holanda sobre o "homem cordial" tem enorme repercussão até hoje.

HUNT, L. *A Nova História Cultural*. São Paulo: Martins Fontes, 2001. Coletânea de artigos sobre os novos desdobramentos teóricos na área da História da cultura.

IANNI, O. *O colapso do populismo no Brasil*. Rio de Janeiro: Civilização Brasileira, 1968. Este livro analisa as razões que explicam o golpe de 1964, destacando a fragilidade do chamado "pacto populista".

JAGUARIBE, H. *O nacionalismo na atualidade brasileira*. Rio de Janeiro: Iseb, 1958. Este livro é um clássico do pensamento nacionalista brasileiro e responsável por uma grande polêmica no interior do Instituto Superior de Estudos Brasileiros (Iseb).

LARAIA, R. B. *Cultura:* um conceito antropológico. Rio de Janeiro: Jorge Zahar, 2007. Temos aqui uma história do conceito de cultura na teoria antropológica apresentada em linguagem acessível. Como introdução ao tema, é um dos livros mais adotados nas graduações brasileiras.

LEMGRUBER, J. "Violência, omissão e segurança pública: o pão nosso de cada dia". Disponível em: www.ucamcesec.com.br/arquivos/publicacoes/Julita_Associacao_Brasileira_de_Ciencias.pdf. Acesso em 20 maio 2009. O artigo analisa a contribuição das ciências sociais para a elucidação dos principais aspectos envolvendo a segurança pública no Brasil contemporâneo.

LEPENIES, W. *As três culturas*. São Paulo: Edusp, 1996. O autor discute a história da sociologia na Europa a partir de estudos de personagens exemplares dessa ciência. Destaca a singularidade dos casos nacionais (França, Inglaterra e Alemanha) e mostra como a sociologia dialoga de forma tensa com outras duas culturas — a científica e a literária-humanista.

LIMA, N. T. *Um sertão chamado Brasil*. Rio de Janeiro: Revan, 1999. Um estudo sobre o pensamento social brasileiro ao longo da Primeira República, destacando a forte presença de imagens geográficas nesse contexto intelectual. A autora analisa obras e conceitos de Euclides da Cunha, Oliveira Vianna, Vicente Licínio Cardoso e outros.

MEDEIROS, M; BRITTO, T; SOARES, F. "Transferência de renda no Brasil". Disponível em: www.scielo.br/scielo.php?pid=S0101-3300 2007000300001&script=sci_arttext&tlng=en. Acesso em 20 maio 2009.

MICELI, S. (Org.). *História das ciências sociais no Brasil*. São Paulo: Sumaré, 1995 e 2001. 2v. Coletânea de artigos de vários especialistas sobre os diferentes aspectos da história das ciências sociais no Brasil, focalizando personagens, museus, instituições de ensino, fundações de pesquisa e órgãos financiadores. Trabalho obrigatório para consulta.

MILLS, C. W. *A imaginação sociológica*. Rio de Janeiro: Jorge Zahar, 1965. Mostra as características principais do raciocínio sociológico e analisa criticamente algumas das principais vertentes da sociologia em meados do século XX. Contém várias dicas do autor para a realização de pesquisa social.

MOORE JR, B. *As origens sociais da ditadura e da democracia:* senhores e camponeses na construção do mundo moderno. São Paulo: Martins Fontes, 1975. Livro clássico de sociologia histórica, em que o autor analisa a questão agrária para explicar porque algumas revoluções produziram ditaduras políticas e outras desembocaram em regimes democráticos.

NICOLAU, J. *História do voto no Brasil*. Rio de Janeiro: Jorge Zahar, 2002. Livro que resume a trajetória do sistema eleitoral brasileiro, destacando as mudanças no eleitorado e nas regras eleitorais.

OLIVEIRA, L. L. *Cultura é patrimônio. Um guia*. Rio de Janeiro: FGV, 2008. Uma história da ideia de patrimônio cultural no Brasil, enfocando intelectuais, instituições e conceitos relacionados, como folclore e cultura popular.

ORTIZ, R. *A moderna tradição brasileira*. São Paulo: Brasiliense, 1988. Discute os significados do conceito de cultura popular à luz de um estudo sobre o imaginário nacional popular brasileiro e suas transformações subsequentes.

PUTNAM, R. *Comunidade e democracia na experiência da Itália moderna*. Rio de Janeiro: FGV, 2002. Trabalho de ciência política que destaca o peso de variáveis sócio-culturais na explicação do desempenho das instituições políticas.

ROMERO, S. *História da literatura brasileira*. Rio de Janeiro: José Olympio 1953. O livro de 1888 discute a história da literatura no Brasil a partir de teorias geográficas e raciais então em voga no cenário intelectual nacional. Uma das primeiras tentativas de articular o estudo da cultura a uma hipótese sobre a nacionalidade.

SANTOS, W. G. dos. *Ordem burguesa e liberalismo político*. São Paulo: Duas Cidades, 1978. Coletânea de ensaios e artigos do autor. O primeiro deles — "Paradigma e história: a ordem burguesa e a imaginação social brasileira" — é de especial interesse, pois mostra como entender as raízes da imaginação política brasileira.

_____. *Cidadania e justiça:* a política social na ordem democrática. Rio de Janeiro: Campus, 1987. Livro que analisa a política social no contexto autoritário e a transição para a ordem democrática.

SOUZA E SILVA, J. *Por que uns e não outros?* Caminhadas de jovens pobres para a universidade. Rio de Janeiro: 7 letras, 2003. Este livro é um estudo sobre a trajetória escolar de jovens de classes populares na periferia do Rio de Janeiro. O autor busca explicar como alguns conseguem empreender uma caminhada bem-sucedida em direção à universidade.

THOMAS, W.I.; ZNANIECK, F. *The polish peasant in Europe and America*. Nova York: Dover, 1958. Estudo clássico sobre imigração polonesa e integração social nos Estados Unidos, essa obra foi publicada em cinco volumes entre 1918 e 1920. Os autores usam um amplo leque de técnicas de pesquisa.

VIANNA, O. *Raça e assimilação*. São Paulo: Companhia Nacional, 1934. Livro em que o pensador fluminense analisa os "problemas étnicos" do povo brasileiro a partir de polêmicas teorias racialistas. Para muitos intérpretes, uma evidência da visão preconceituosa do autor em relação a negros e mulatos.

WEBER, M. *A ética protestante e o espírito do capitalismo*. São Paulo: Companhia das Letras, 2004. Clássico da sociologia mundial, este livro escrito entre 1904 e 1905 analisa as afinidades eletivas entre o capitalismo ocidental e o processo de racionalização impulsionado pelo protestantismo.

WHYTE, W. F. *Sociedade de esquina*. Rio de Janeiro: Jorge Zahar, 2005. Este livro de 1943 é um estudo clássico de sociologia urbana, oferecendo excelente exemplo de técnicas e problemas relacionados ao trabalho de campo.

ZALUAR, A. *A máquina e a revolta:* as organizações populares e o significado da pobreza. São Paulo: Brasiliense, 1985. Este é um estudo pioneiro nas ciências sociais brasileiras sobre os novos significados da violência, do trabalho e do lazer numa grande metrópole como o Rio de Janeiro. A autora pesquisou na Cidade de Deus.

_____. *Condomínio do Diabo*. Rio de Janeiro: Revan, 1994. Estudo antropológico de cunho etnográfico sobre violência, tráfico de drogas e sociabilidade numa área urbana popular do Rio de Janeiro.

Este livro foi impresso nas oficinas gráficas da Editora Vozes Ltda.,
Rua Frei Luís, 100 – Petrópolis, RJ,